国家出版基金项目

裁判文书说理丛书

主　编　宋北平

裁判文书语言与说理

CAIPAN WENSHU YUYAN YU SHUOLI

王道玮·著

人民法院出版社

图书在版编目（CIP）数据

裁判文书语言与说理／王道玮著．－－北京：人民法院出版社，2022.7
（裁判文书说理丛书／宋北平主编）
ISBN 978-7-5109-3050-8

Ⅰ．①裁… Ⅱ．①王… Ⅲ．①审判-法律文书-研究-中国 Ⅳ．①D926.134

中国版本图书馆 CIP 数据核字（2020）第 252021 号

裁判文书语言与说理

王道玮　著

责任编辑	丁塞峨
出版发行	人民法院出版社
地　　址	北京市东城区东交民巷 27 号（100745）
电　　话	（010）67550656（责任编辑）　67550558（发行部查询）
	65223677（读者服务部）
客 服 QQ	2092078039
网　　址	http：//www.courtbook.com.cn
E - mail	courtpress@sohu.com
印　　刷	天津嘉恒印务有限公司
经　　销	新华书店
开　　本	787 毫米×1092 毫米　1/16
字　　数	233 千字
印　　张	13.5
版　　次	2022 年 7 月第 1 版　2023 年 11 月第 2 次印刷
书　　号	ISBN 978-7-5109-3050-8
定　　价	49.00 元

版权所有　侵权必究

《裁判文书说理丛书》

编委会

主　任：江必新
副主任：姜建初　李重庵
委　员（按姓名汉语拼音排序）：
　　　　黄太云　李　林　孙佑海　宋鱼水
　　　　宋北平　王利明　王振宇　薛　琦
　　　　许传玺　杨　光　周光权
主　编：宋北平
副主编：潘传平

编务部

主　任：王子旗
副主任：刘方敏

组稿单位：北京华夏国典教育科技研究院

序

由宋北平教授主编，四级法院多位法官和专家、教授共同执笔撰写的"裁判文书说理丛书"即将由人民法院出版社出版发行，令人欣喜和振奋。这套丛书以习近平法治思想为指导，科学分析了裁判文书释法说理的意义及重点、难点问题，结合优秀裁判文书实例阐明了说理技巧，就厘清裁判思路、提炼裁判要旨提出了具有可操作性的意见和建议，有助于提高法官释法说理能力、提升法院司法公信力、促进"说理型"社会的形成，对法学界了解新时代法官释法说理、理性司法实践具有良好的参考意义。应丛书编委会和主编之邀，谨就裁判活动和裁判文书释法说理略抒己见，代为序。

司法是一项神圣的理性事业，它既是公平正义的守护神，也是法治文明的顶梁柱。"法律之内，应有天理人情在。""法律的基本意图是让公民尽可能的愉悦。""法，非从天下，非从地出，发于人间，合乎人心而已。"自古以来，在法治的叙事中，司法并非只以权威而获得服从，却是因"理智"和"善意"而赢得赞美。在当代中国，社会关系、法律关系、诉讼关系日趋复杂，公众法律知识、法治意识、法理修养日渐增长，特别是随着全面依法治国背景下司法公开的强力推进，司法裁判文书的说理性、说服力和可接受性日益成为保障公民诉权、提高司法公信力、培育全社会理性司法文化的基本要求。为此，法官不能局限于"法条主义"一判了之，而要善于"释法说理"以理服人，把裁判意见当中的法理、事理、情理讲清、讲明、讲透，使当事人和普通公众知法明理、遵法循理，切实感受到公平正义就在身边。

习近平总书记指出："法律不应该是冷冰冰的，司法工作也是做群众工作。一纸判决，或许能够给当事人正义，却不一定能解开当事人的'心结'，'心结'没有解开，案件也就没有真正了结。"[①] 执法的最好效果就是让人心服口服，所以要"坚持以法为据、以理服人、以情感人，努力实现最佳的法

[①] 习近平：《论坚持全面依法治国》，中央文献出版社2020年版，第23页。

律效果、政治效果、社会效果。"① 司法人员"要坚持以法为据，以理服人、以情感人，既要义正辞严讲清'法理'，又要循循善诱讲明'事理'，感同身受讲透'情理'，让当事人胜负皆明、心服口服。"② 习近平总书记的重要论述和法理命题传承了中华法系的优良传统，借鉴了人类法治文明的思想精华，为我们正确认识司法过程中的法、理、情关系提供了科学指引，是做好释法说理工作的根本遵循。

对于裁判文书释法说理工作，以习近平同志为核心的党中央早有系统部署和安排。2013年，《中共中央关于全面深化改革若干重大问题的决定》提出"增强法律文书说理性"。2014年，《中共中央关于全面推进依法治国若干重大问题的决定》中提出"加强法律文书释法说理，建立生效法律文书统一上网和公开查询制度。"2015年，《最高人民法院关于全面深化人民法院改革的意见——人民法院第四个五年改革纲要（2014—2018）》明确提出"推动裁判文书说理改革"，尤其是要"加强对当事人争议较大、法律关系复杂、社会关注度较高的一审案件，以及所有的二审案件、再审案件、审判委员会讨论决定案件裁判文书的说理性。""完善裁判文书说理的刚性约束机制和激励机制，建立裁判文书说理的评价体系，将裁判文书的说理水平作为法官业绩评价和晋级、选升的重要因素。"中央政法委和最高人民法院先后出台了一系列文件，贯彻落实习近平总书记的重要指示和党中央决策部署，具体指导裁判文书释法说理工作。2015年，《中央政法委关于建立律师参与化解和代理涉法涉诉信访案件制度的意见（试行）》中提出，律师参与化解和代理涉法涉诉信访案件，应当遵循"依法据理"的原则，即"严格依照法律和政策，向信访人讲清法理、讲明事理、讲通情理，向政法机关提出法律意见。"2018年，最高人民法院印发《关于加强和规范裁判文书释法说理的指导意见》，提出"裁判文书释法说理，要阐明事理，说明裁判所认定的案件事实及其根据和理由，展示案件事实认定的客观性、公正性和准确性；要释明法理，说明裁判所依据的法律规范以及适用法律规范的理由；要讲明情理，体现法理情相协调，符合社会主流价值观；要讲究文理，语言规范，表达准确，逻辑清晰，合理运用说理技巧，增强说理效果"。2021年，最高人民法院印发《关于深入推

---

① 习近平：《论坚持全面依法治国》，中央文献出版社2020年版，第260页。
② 习近平在中央政法工作会议上的讲话（2019年1月15日）。

进社会主义核心价值观融入裁判文书释法说理的指导意见》，指出"裁判文书释法说理应积极回应人民群众对公正司法的新要求和新期待，准确阐明事理，详细释明法理，积极讲明情理，力求讲究文理，不断提升人民群众对司法裁判的满意度，以司法公正引领社会公平正义"。此外，最高人民法院多个有关司法工作文件也具体就释法说理进行了工作安排。例如，2012年，最高人民法院研究室印发《关于编写报送指导性案例体例的意见》《指导性案例样式》，提出指导性案例中的裁判理由要"根据案件事实、法律、司法解释、政策精神和法学理论通说，从法理、事理、情理等方面，结合案情和裁判要点，详细论述法院裁判的正确性和公正性"。2017年，《最高人民法院对十二届全国人大五次会议第1549号建议的答复》提出加强基层法官能力培养，"加强社会知识、人文素养等方面的培训，帮助基层法官拓宽视野，善于从法律视角和社会视角通盘考虑法理、事理、情理，实现法律效果和社会效果相统一"。2019年，最高人民法院印发《全国法院民商事审判工作会议纪要》提出，"在民商事审判工作中要弘扬社会主义核心价值观，注意情理法的交融平衡，做到以法为据、以理服人、以情感人，既要义正辞严讲清法理，又要循循善诱讲明事理，还要感同身受讲透情理，争取广大人民群众和社会的理解与支持"。这些部署表明，释法说理已经成为中国司法不断进步、追求善治的实践议程。

释法说理，重在"理"。古人云："理者，物之固然，事之所以然也。"① 在司法审判中，"理"恰承载着事实之"固然"和法律之"所以然"，因而具有真理和正义的双重力量。"释法说理"就是向当事人和公众展示裁判合法性、正当性、合理性、可信性的论证过程，体现出法官法律思维、法治思维和法理思维相统一的鲜明特征。具体而言，释法说理的"理"主要包括法理、事理、情理等。

法理，顾名思义，就是"法之理"。"法者，天下之理。"② 一般来讲，法理乃"蕴含于法中的道理。可用以说明某事物、某现象、某说法之类能够成立，如：'这是合乎法理的'；也可用来支持某主张、某事物、某现象，如：

---

① 语出自王夫之哲学著作《张子正蒙注》。
② 语出自朱熹《朱文公文集》中的名篇《学校贡举私议》。

'从法律上讲应当如此'。"① 就诉讼案件而言，法理，含法律原理、法律原则、法治精神、法治原则、法学通说等多重意涵，亦指法律条文内在的或其背后的法的精神、法的价值、法的理念、道德公理、公共政策等，或曰裁判的合法性依据和正当性理据。事实表明，法理在制度生活中有很多被权威所认可而转化为实在法，但任何法律（法典、法规）规定均无法承载全部的法理，更难以淋漓尽致地全面展现法理精义，从而有待法官去分析、挖掘、提炼，并有的放矢地给当事人讲清法理、道明"言外之意"。在"公说公有理、婆说婆有理"的现实情况下，尤其是在已经陷入"舆论风波"的公众关注的案件中，更加需要法官"义正词严地讲清法理"，用法理来"定风波"。讲清法理，直接任务是说明与案件相关的法律规范的准确含义和意义、法律适用的理由根据，间接任务则是把法律条文内在的或其背后的法理揭晓出来，使当事人和公众"明达法理"，即知晓权利、义务、责任的法律根据和法理依据。鉴于"万物各异理，而道尽稽万物之理"②，必要时还应向当事人和公众讲一讲与案件相关的法律之"道"（普遍法理），诸如"公序良俗""诚实信用""公平正义""权利义务对等"等法治核心价值。

当然，长于法理的法官不只是真知灼见的表达者，更是法理经典的诠释者和创作者。卡多佐说："判决应当具有说服力，或者具有真挚和热情这样感人至深的长处，或者带着头韵和对偶这样有助记忆的力量，或者需要谚语、格言这样凝练独特的风格。忽视使用这些方法，判决将无法达到目的。"③ 卡多佐以感悟告诉我们，为了增强裁判文书释法说理的解释力、论证力、穿透力和感染力，法官应当注重引用以简洁、优雅、精湛的语言承载和表达出来的脍炙人口的法理格言和法谚，诸如，"法不阿贵，绳不挠曲""法律面前人人平等""宪法法律至上""法官除了法律就没有别的上司""国有国法、家有家规""无规矩不成方圆""法律的生命在于实施""法律必须被信仰，否则形同虚设""权利不得滥用""享用自己的财物应以不损害他人利益为度""不得损人利己""任何人不得从其错误中获利""法律活动不得违背公序良

---

① 参见周旺生、朱苏力主编：《北京大学法学百科全书——法理学、立法学、法律社会学》，北京大学出版社 2010 年版，第 243 页。

② 语出自《韩非子·解老》。

③ ［美］本杰明·N. 卡多佐：《演讲录法律与文学》，董炯、彭冰译，中国法制出版社 2005 年版，第 115 页。

俗""法律不可强人所难""没有无义务的权利,也没有无权利的义务""有权利的地方就有救济,有救济的地方就有权利""法不溯及既往""法律不保护权利上的睡眠者""善有善报,恶有恶报""躲得过初一、躲不过十五""打官司就是打证据""罪刑法定""疑罪从无"等。

事理,顾名思义,就是"事之理"、事物的使然之理。"事有必至,理有固然"①"物之所在,道则在焉"②,任何事物,其形成、存在和发展都有"规律""轨迹""常理""条理",可谓"事事有事理""事象之中必有事理"。在法律实践领域,"事理"系指蕴含于法律行为、法律关系、法律事件等法律事实当中的"规律""常理""条理",或者是法律事实的主观动因、客观原因,或者是法律行为的根本原因、动机、活动与其结果的因果联系,或者是具体法律事实中权利、义务和责任的关联度,或者是诸如不可抗力、紧急避险、善意取得等法律事实的过程、环境、情节、事由等。讲清事理,最关键的是向当事人,尤其是"不明事理"的当事人回溯性地说明裁判所认定的案件事实,注重"让证据说话",解释证据采信与事实认定的根据和理由,展示案件事实的客观性、类案的普遍事理和个案的具体事理,讲明案件事实认定的科学性、准确性和公正性,全面公开事实认定与采信的正当程序,营造当事人亲历性场景,让当事人"心知肚明",以臻致"已判定的事项应当被视为真理"的理想效果。

情理,顾名思义,就是"情之理""人之常情"。法谚云:"人类受制于法律,法律受制于情理""情理是法律的生命"。波斯纳认为,"在许多案件中,并且是在那些最重要的案件中,法官将不得不接受一个合乎情理的、一个说得通的结果……什么才合乎情理,什么才说得通,这常常取决于道德感觉、常识、同情,以及其他不易转换成可测度后果计算的思想情感成分。"③。中国在司法实践中一直注重协调法律与情理的关系。在法律适用当中,情、理、法都是共同的价值考量,法官在严格司法的同时,充分考虑"仁义礼智信",兼顾人情世故、伦理纲常等因素,塑造了中华司法文明的优秀传统。在现代法律生活中,情理的内涵是极其丰富的,诸如我们时常挂在嘴边的"合

---

① 语出自《战国策·齐策四》。
② 语出自南宋叶适撰写的《习学记言》。
③ 参见 [美] 理查德·波斯纳:《波斯纳法官司法反思录》,苏力译,北京大学出版社2014年版,第5~12页。

乎情理""人之常情""人情世故""社会常情""普遍感情""同理之情""恻隐之心""良知爱心""社群情怀""礼之用,和为贵""国无德不兴,人无德不立""要酌理、要揆情""情理上说得过去"等。在利益多元化、价值多元化、道德多元化、审美多元化的现代社会,法律情理属于"同理心"意义上的情理。滋贺秀三的一段论述表达了"同理心"的情理观和判断方法,他指出:"情理判断的中心部分是任何人都不会想到提出异议的普遍和不言而喻之理,其边缘部分则依具体情况可以呈现出千变万化的灵活性。不过,这种灵活性并非完全无原则,其程度和范围是熟悉这个环境的人们大体上能够把握的东西。"① 我们所谓"己所不欲勿施于人""人同此心,心同此理""老吾老以及人之老,幼吾幼以及人之幼""勿以恶小而为之,勿以善小而不为""言必信,行必果""人无信而不立""德不孤,必有邻"等,就是"人们大体上能够把握的东西"。法律情理包括为人处事的基本道理、普遍公认的是非曲直、为人称道的人伦情操、社会大众的公理公德、历史形成的公序良俗等,法律上的情理不仅包含私人良知(同情、友善、博爱等),也包含公共良知(正义、平等、自由、人权等)。讲透情理,就是要在重视民心、尊重民意、体察民情的基础上,激发当事人和大众的"法感",知行合一,"言必信,行必果""德不孤,必有邻""人而无信,不知其可也",做一个法律上、伦理道德上、公共生活中的"明白人",有情有义、重情重义的人,诚实守信、一诺千金的人。要激活当事人的"同理心""同情心""恻隐心""道义感"等,引导当事人换位思考、将心比心、善解人意、善待弱者、懂得感恩、珍惜亲情、父慈子孝、见义勇为、互惠互利、有福同享等。让当事人不仅在个案中感受到公平正义,而且通过个案感受到法的真善美,进而基于"法感"之"共情"而成为法治的尊崇者和捍卫者。

应当认识到,释法说理并不意味着裁判文书就是修辞技术和文字游戏,其意义并非限于强化裁判过程的说理性、提升裁判文书的合理性、增强裁判文书的公信力,而且也在于提升社会公众对司法裁判的认同感,本质上表达的是对当事人诉讼权利的尊重,是"以人民为中心"的法治理念在司法领域的具体体现。英国女王王室法律顾问路易斯认为,"陈述判决理由是公平之精

---

① [日]滋贺秀三:《清代诉讼制度之民事法源的考察——作为法源的习惯》,载王亚新、梁治平编:《明清时期的民事审判与民间契约》,法律出版社1998年版,第80页。

髓。在现代民主社会中，越来越多的人承认，受到判决的人有权知道判决是如何做出的。"[1] 裁判活动与裁判文书的释法说理不是法官自说自话，而是法官与当事人和公众的真诚对话和理性沟通，是司法民主、民主司法的常规形式。释法说理本身不是目的，其目的是让当事人知法明理、胜败皆服，达到案结事了人和，"人"才是"理"的归宿。裁判和裁判文书的感染力，主要不在法律条文的逻辑，也不在司法实践经验，而在于晓之以法、以法为据，导之以理、以理服人，动之以情、以情感人的裁判艺术，"三理融合"是其至高境界所在。

中华优秀传统法律文化以"当人情、合法理""谨持法理，审察人情"[2]"融天理、国法、人情为一体"为底色，自古以来孕育并沉淀在定分止争、利国安民的司法经验之中。法理、事理、情理不是孤立存在的，而是有机统一、息息相通、彼此交融。其中，法理是根本理据，事理是科学判定，情理是道义基准，法理尚"善"，事理求"真"，情理通"美"。它们共同演绎出司法维护公平正义的和谐韵律，通达于"让人民群众在每一个司法案件中感受到公平正义"的终极目标。

张文显
二〇二二年三月

---

[1] ［英］彼得·斯坦、［英］约翰·香德：《西方社会的法律价值》，王献平译，中国法制出版社2004年版，第114页。

[2] 详见（宋）郑克：《折狱龟鉴译注》卷八，《何武夺财》，刘俊文译注，上海古籍出版社1988年版，第461页。

编写说明

随着全面依法治国、建设法治中国进程的不断推进，裁判文书释法说理在提升国家治理能力方面的作用日益凸显，成为展示人民法院公正形象的载体。从裁判文书的制作看，它是提高司法质量和审判效率的优化工程，是推进司法公正的升华工程，是提升人民群众幸福感、获得感的民生工程。如何进一步增强裁判行为的公正度和透明度，规范审判权行使，提升司法公信力和司法权威，发挥裁判的定分止争和价值引领作用，弘扬社会主义核心价值观，切实维护诉讼当事人合法权益，努力让人民群众在每一个司法案件中感受到公平正义，促进社会主义现代化国家的建设和发展，是本丛书编撰力求实现的目标。

为此，我们按照优秀法官与学者相结合的原则选择作者，按照应用研究与基础研究相结合的原则架构丛书体系，以《裁判文书论证与说理》《裁判文书语言与说理》《英美法系裁判文书说理——以判例分析为重点》解决通用需求，而《刑事裁判文书说理》《民事裁判文书说理》《行政裁判文书说理》探讨说理实践，在总结、借鉴学界相关成果的基础上，力求有所创新和超越，为提升法官的释法说理能力、提高法院司法公信力和促进"说理型"社会的形成与发展提供些许智慧与经验。

本丛书在编撰过程中，得到了多方支持，作者们多年辛勤耕耘，主编、副主编承担实施《丛书编撰方案》的任务，在撰写样稿、召集作者会议、申报国家出版基金、联系出版等方面做了很多具体工作，在此一并致谢。

《裁判文书说理丛书》编委会
二〇二二年三月

在提升国家治理能力方面的作用日益凸显，成为展示人民法院公正形象的载体。从裁判文书的制作看，它是提高司法质量和审判效率的优化工程，是推进司法公正的升华工程，是提升人民群众幸福感、获得感的民生工程。如何进一步增强裁判行为的公正度和透明度，规范审判权行使，提升司法公信力和司法权威，发挥裁判的定分止争和价值引领作用，弘扬社会主义核心价值观，切实维护诉讼当事人合法权益，努力让人民群众在每一个司法案件中感受到公平正义，促进社会主义现代化国家的建设和发展，是本丛书编撰力求实现的目标。

为此，我们按照《指导意见》的起草人与优秀法官相结合的原则选择作者，按照应用研究与基础研究相结合的原则架构丛书体系，以《裁判文书论证与说理》《裁判文书语言与说理》《英美法系裁判文书说理——以判例分析为重点》解决通用需求，而《刑事裁判文书说理》《民事裁判文书说理》《行政裁判文书说理》探讨说理实践，在总结、借鉴学界相关成果的基础上，力求有所创新和超越，为提升法官的释法说理能力、提高法院司法公信力和促进"说理型"社会的形成与发展提供些许智慧与经验。

最后，本丛书在编撰过程中，得到了最高人民法院院长周强的指导和支持，得到了常务副院长贺荣的鼓励和推动，得到了姜伟、杨万明副院长的关心和帮助，以及安徽省高级人民法院董开军院长、青海省高级人民法院张泽军院长诸位不吝金玉，还有未具名者的默默奉献，作者们多年辛勤耕耘，主编、副主编承担实施《丛书编撰方案》的任务，在撰写样稿、召集作者会议、申报国家出版基金、联系出版等方面做了很多具体工作，在此一并致谢。

《裁判文书说理丛书》编委会
二〇二二年三月

目 录

第一章 裁判文书的语言特征 ……………………………………………… 1
  第一节 裁判与裁判文书 …………………………………………… 2
    一、裁判的内涵 ……………………………………………… 2
    二、裁判文书的范畴 ………………………………………… 3
    三、裁判文书的文体属性 …………………………………… 3
  第二节 语言与裁判文书 …………………………………………… 4
    一、语言的功能 ……………………………………………… 4
    二、语言的形式 ……………………………………………… 5
    三、语言的演化 ……………………………………………… 6
  第三节 裁判文书与语言的内在关系 ……………………………… 6
    一、语言是裁判文书的载体 ………………………………… 7
    二、语言是裁判文书的传播介质 …………………………… 23
  第四节 裁判文书的特殊语言属性 ………………………………… 25
    一、裁判文书的文体属性 …………………………………… 25
    二、裁判文书的结构属性 …………………………………… 26
    三、裁判文书的证明属性 …………………………………… 26

第二章 裁判文书格式的语言要求 ………………………………………… 33
  规范文本样式 ………………………………………………………… 33
    一、首部部分 ………………………………………………… 33
    二、审理程序部分 …………………………………………… 38
    三、诉请与答辩部分 ………………………………………… 40
    四、事实部分 ………………………………………………… 40
    五、论证部分 ………………………………………………… 41
    六、说理部分 ………………………………………………… 44

七、主文部分 …………………………………………………… 49
　　八、尾部 …………………………………………………………… 58
　　九、裁判文书的文体风格 ………………………………………… 60
　　十、裁判文书上网 ………………………………………………… 60
第三章　裁判文书语言问题辨析 …………………………………… 62
　第一节　经典裁判文书 ……………………………………………… 62
　　一、古代判词 ……………………………………………………… 63
　　二、革命法庭 ……………………………………………………… 64
　　三、当代典型 ……………………………………………………… 66
　　四、深化改革 ……………………………………………………… 68
　第二节　裁判文书用"字"的要求和常见问题辨析 ………………… 69
　　一、"其"字的用法 ……………………………………………… 69
　　二、"故"字的用法 ……………………………………………… 71
　　三、"了"字的用法 ……………………………………………… 72
　　四、"的"字的用法 ……………………………………………… 73
　第三节　裁判文书用"词"的要求和常见问题辨析 ………………… 73
　　一、形容词、语气词 ……………………………………………… 73
　　二、词语搭配 ……………………………………………………… 74
　　三、用词不准 ……………………………………………………… 76
　　四、习惯用法 ……………………………………………………… 78
　第四节　裁判文书句子中常见语法问题辨析 ……………………… 79
　　一、分句间逻辑关系错误 ………………………………………… 79
　　二、句子成分残缺 ………………………………………………… 81
　　三、句子成分多余 ………………………………………………… 82
　　四、句子结构杂糅 ………………………………………………… 83
　　五、任意简化用语 ………………………………………………… 84
　　六、人称混淆 ……………………………………………………… 84
　第五节　裁判文书段落中常见语法问题辨析 ……………………… 85
　　一、段落引导词不当 ……………………………………………… 85
　　二、句式运用不当 ………………………………………………… 86
　　三、语气不当 ……………………………………………………… 87
　　四、标点符号的使用过于随意 …………………………………… 88

第四章　裁判文书语言的逻辑属性 91
第一节　裁判文书逻辑思维要点 91
一、裁判文书的形式逻辑 92
二、裁判文书的辩证逻辑 93
三、裁判文书的思维逻辑 93
第二节　裁判文书的论证逻辑 100
一、刑事裁判文书论证中的逻辑 101
二、民商事裁判文书论证中的逻辑 109
三、行政裁判文书的论证逻辑 114
第三节　裁判文书的逻辑思维 117
一、刑事、民事、行政裁判逻辑思维的区别 118
二、裁判文书说理的逻辑思维过程 125
三、裁判文书的逻辑思维方法 128
四、裁判文书的逻辑思维要求 132
第四节　提高裁判文书逻辑性的对策 135
一、提高刑事案件裁判文书逻辑性的对策 135
二、提高民商事裁判文书逻辑性的对策 140
三、提高行政案件裁判文书逻辑性的对策 149

第五章　裁判文书语言与繁简分流改革 156
第一节　简化裁判文书的格式要求 157
一、逐步趋于简化 157
二、保持形制完整 173
三、繁简详略得当 177
第二节　简化裁判文书的方法与原则 179
一、简化的原则 179
二、简化的方法要领 182
第三节　探索与创新路径 189
一、优势之比较 190
二、规范与完善 192
三、前景与展望 193

后　记 199

第一章　裁判文书的语言特征

裁判文书是人民法院代表国家行使审判权、对具体案件作出的权威性书面结论，是法官审理案件的终极产品。审判公开是程序公正的基础，是法治社会的一项重要司法原则，对遏制司法腐败、防止司法恣意、实现司法公正具有突出意义。审判公开并不局限于庭审范畴，裁判文书的公开也是其应有之义。2016年10月1日实施的《最高人民法院关于人民法院在互联网公布裁判文书的规定》（法释〔2016〕19号），为落实审判公开、提升司法公信力作出明确规定，也契合了《中共中央关于全面深化改革若干重大问题的决定》指出的"增强法律文书的说理性，推动公开法院生效裁判文书"的要求。

2021年修正的《中华人民共和国民事诉讼法》第一百五十九条规定"公众可以查阅发生法律效力的判决书、裁定书"，则再次确立了具体实施的原则。因此，制作一份程序透明、内容规范、说理透彻、论证严谨的高质量裁判文书，是检验法官职业水平的重要标准，也是尊重和满足公众司法知情权的必然要求。

法律和语言是人类完全不同的两种从事社会活动的工具，具有本质的差别。语言产生于交流的需要，来源于对自身发音器官的开发，并催生文字的产生，实现对声音的记载。随着文字的发展，声音也不再是文字的唯一依赖，通过对形态和字义的掌握，发声和听觉器官缺失的人仍然可以学会文字表达；法律则建立于人类交往中对行为的规制，依赖文字表达去传承意思。人类不是因为法律而创造语言，也不是因为语言而创造法律。但是，法律的产生、发展、变化，在很大程度上依赖语言。成文法的产生，从习惯法到成文法的发展，都是典型的例证。反过来，语言的发展、变化，法律起着不可或缺的作用。秦始皇如果仅仅使用刀戟而没有法律，不可能真正实现"书同文"；如果没有法律，"普通话""简化字"也不可能推行到底。更重要的是，法律不以语言作为载体——肢体语言也是语言的形式之一，则无法存在，语言不以法律的意义为内容，表达法律意义的语言同样不能存在，所以对法律和语言的基本认识是研究法律语言的基础。

第一节　裁判与裁判文书

现代法律的核心是公平正义。虽然这种精神不是产生于法律语言，却要依赖于法律语言来呈现和传递，以当事人和社会大众为主的受众只有通过法律语言才能感知、触摸到公平正义的精髓。从另外一层意义上说，公平正义活跃在法律语言的字里行间，让司法裁判可以感知，能够传播。

一、裁判的内涵

裁判，特指法院、法官对案件的判断和裁量。对于民商、行政案件而言，就是根据法律原则及规定评判是非矫正利益，分清责任定分止争。对于刑事案件而言，则是通过罪与非罪、此罪与彼罪的认定和科刑，实现法律对破坏性（犯罪）行为的公权干预。

可以说裁判承载着司法功能的权威性和司法机关的公信力。所有的法律原则、法制精神、法治理念都通过裁判传达、传播，并将法律的正当性与否通过司法活动提炼反馈到法律机器的中枢，引起法律对自身的审视和否定，从而使法律体系不断地得到完善。当裁判经常性地受到质疑甚至非议，裁判者的公信力必然受到损害。

裁判和裁判者的关系。中国裁判文书上网，既为裁判文书搭建了一个接受外界评判的平台，也是促进法官裁判文书制作水平和能力提高的有效机制。长期以来，法院裁判文书中语法瑕疵频出，媒体多有诟病。我们应该把裁判文书语法问题提高到影响司法公信力的层面加以重视，并着力解决。

裁判者作为裁判外化的"操盘手"，其自身的能力尤为重要，要有运用法律化解纷争的智慧，更要有用文字精准表达的修为，这种表达直接考验裁判者的逻辑思维、文字驾驭、人文情怀等综合能力。对裁判者群体来说，基础来源于天分，精进得益于后天积累，后天积累可以超越天分。

二、裁判文书的范畴

裁判文书是法律文书的一种，指各级人民法院依据诉讼法和实体法对审理的诉讼、执行的案件作出具有可供执行的裁判内容的法律文书。广义上的裁判文书包括对审理中案件的裁定书和审理终结案件的判决书。裁定书包括先行给付裁定书、保全裁定书、驳回执行异议裁定书、驳回管辖异议裁定书、驳回起诉裁定书等。狭义上的裁判文书单指人民法院对审理终结的诉讼案件作出的判决书。本文所述裁判文书特指人民法院的判决书。

人民法院的裁判文书样式由最高人民法院制定，由最高人民法院审判委员会审议通过并以文件形式发布。

统一制作裁判文书样式，有助于规范司法活动和司法行为，彰显司法公正，有利于促进人民法院审判体系和审判能力现代化建设，有利于推进阳光司法。

人民法院裁判文书样式对裁判文书的基本要素进行统一和规范。裁判文书由标题、正文、落款三大要素组成。标题由法院名称、文书名称和案号构成。正文包括当事人和其他诉讼参与人的基本情况、案件由来和审理经过、事实、理由、裁判依据、裁判主文、尾部等内容。落款包括署名、日期、核对戳。

人民法院裁判文书样式还对标点符号用法、引用规范、印刷标准等技术标准作出规定。

三、裁判文书的文体属性

裁判文书是法律文书其中最重要的一类，也是具有法律属性的应用文书。根据周道鸾教授主编的《法律文书教程》所述，裁判文书包含五个方面的要素：

1. 特定的制作主体。裁判文书的制作主体必须是各级人民法院审理具体案件的主审法官，体现法官独立性，其他任何机关、团体或者个人，都无权制作裁判文书。

2. 法定的制作程序。法官在查明事实、证据确实充分的基础上对已经审理终结的案件作出判决，制作裁判文书。

3. 固定的适用范围。裁判文书只适用于人民法院审理的民商事、刑事、行政诉讼案件。人民法院通过查明事实、分清是非，或为解决民商事、行政案件双方争议对权利义务依法进行分配，或确定刑事案件被告人的刑事责任，并以书面形式公之于众。

4. 制作内容的依据。裁判文书的制作，一要根据案件的事实、证据；二要依据与之相适应的法律、法规和司法解释，但要依附于一定的格式。言之有据，释之于法，一定的事实和法律适用的有机结合，构成裁判文书的具体内容。

5. 裁判文书的效力。裁判文书具有确定性的执行力。在依法办理的诉讼案件中，裁判文书是具体实施法律，落实当事人合法权利和法律义务的结果，具有特定的法律效力。裁判文书一经生效，即产生确定的法律后果，裁判文书载明的法律义务对当事人有执行约束力。

由此可见，裁判文书是特殊的应用性法律文书。李少平同志在《新时代裁判文书释法说理改革的功能定位及重点聚焦》一文中谈到，如果把公正的判决比作一份合格的司法产品，那么裁判文书说理在很大程度上决定着这份产品的质量和性价比。

第二节　语言与裁判文书

语言是人类最重要的交际工具和思维工具。语言本身是以语音为物质外壳，以词汇为建筑材料，以语法为结构规律而构成的一种符号系统，文字则是记录语言的形、音、义统一的书写符号系统，是语言的视觉形式。所以以文字记录的语言也称为书面语。

本文主要论述以文字形式为表现的书面语言。

一、语言的功能

语言既然是人类交际的工具，那么语言在人类发展中的作用是不言而喻的。

1. 传播功能。王洪君在《语言学纲要》中认为："人类语言所能传递的信息是无限的，信息内容可以跨越时空，通过信息的交流，社会成员可以彼此分享各自的经验感知和思想成果。从古至今，人类知识的积累，社会文明的进步，首先得益于信息的可传递性。人类社会能够建立起如此辉煌的文明，是以语言的信息传递功能为基础的。"语言是人类文化得以传承和储存的有效载体。

2. 交际功能。王洪君在《语言学纲要》中认为："人际互动功能是语言另一重要的社会功能。"在人际交往中，"语言起着建立和保持交际者之间的某种社会关联的目的，也就是发挥着人际互动的功能"。

3. 思维功能。语言是人类思维不可或缺的要素，离开语言，思维则无法存在。王洪君在《语言学纲要》中认为："语言符号帮助人达成对外界的认知，储存认知的成果，并且发展人的认知能力。由此可见，语言的思维功能是语言的基本属性。"

二、语言的形式

严格意义上的语言，指人类沟通所使用的自然语言。诸如手语、旗语，以及基于二进制的计算机语言等，也是自然语言的衍生。

1. 从感知角度划分。语言包含以声音为形式以听觉为感知的口头语言，和以符号为形式以视觉为感知的书面语言。两者相比，书面语言突破了口头语言的空间、时间限制，能够发挥更大作用。

2. 从形成过程划分。语言可以分为自然语言和人工语言。自然语言是人类发展过程中形成的语言。人工语言是人们为了某种目的创设的语言，其中包括用于计算机识别的计算机语言等。

3. 从用途上划分。语言可以分为日常语言和专业语言。日常语言的运用广泛，是人与人之间的日常交流用语，包括新闻、文学语言也应该属于日常语言的范畴。专业语言特指某一领域用于表现该领域特殊、专用的语言体系。如自然科学里的元素周期表、分子式等。涉及法律的语言体系即法言法语，也有特定的专业用词用语。

语言的发音系统及其视觉符号系统即文字自从产生就处在一个不断发展变化的过程中。这种变化是稳定中的流变。

语言本身是不断发展变化的，在录音机发明之前，虽然我们无从知道前人是怎么说话的，但可以通过古代留传下来的文字去了解。古人也发明了注音符号，演变成为现代的汉语拼音，引领我们去追寻远古先人的语言气象。

三、语言的演化

语言的形声义相互依存、相互影响、不可分割。语言的变化在形声义上交替体现。

1. 形的变化。汉字是世界上为数不多的传承使用至今的自源文字系统，但也不是一成不变的。从甲骨文到简化汉字，为适应不断加快的生活节奏，提高书写效率，汉字一直都在简化，还有新文字出现、外来词汇的借用等，均丰富了汉字的表达。

2. 音的变化。根据考古资料考证，汉字在上古、中古时期的读音是不尽相同的。一些古音因为较难掌握逐渐被替代，或随着人群的迁徙不断融合趋同，特别是简化汉字系统对一些同音但不同意的字、多音字进行了整合，常见的用于地名的特殊读音被取消，例如，广西百色的"百"字，原来读音"bo"，最新版的《新华字典》中"百"字已经没有"bo"的读音，因为"百色"实际是由壮族语音演变的，与汉字的字面意思并无关联，从规范语言文字的角度将其归并到"bai"的读音里了。

3. 义的变化。查阅《说文解字》可以发现，很多汉字在今天早已不是原有的意思，闲来训诂一番别有意趣。如"宜"字，有多少人知道，在《诗经》《尚书》里作"肴"讲。只是后来，由合乎口味的美味佳肴引申为"合适"了。

第三节　裁判文书与语言的内在关系

辨法析理仍然是裁判文书的精髓所在。

古时，有一个典型案例，案情是这样的：即墨县人曲培秋杀人后，用二百两白银买通王桂林，以其子王小山顶凶。经审讯，依律判处曲培秋"斩立决"，对王桂林父子等人"一体准予免责"。判词中有这样的表述：若有钱可以买代，则富家子弟，将何所顾忌？皇皇国法，是专为贫民，而非为富豪设矣。有是情乎，有是理乎？千金之子，不死于世，此本乱世末流之行为，而非盛世圣朝之所应有……夫使二百金可买一命，则家有百万可以屠尽全县。以一案而杀二命，其罪更何可恕！须知，前一杀尚出于一时愤恨，或非居心杀人。后一杀则纯为恃富杀人，有心杀人。误杀者，可免抵；故杀者，不可免也。

短短几句话，把曲培秋一案而杀二命的犯罪性质、利害后果都说得一清二楚；对这种用钱买命行为的社会危害性，分析得透辟之极。"前一杀"与"后一杀"两句话语，前后对照，故杀与误杀的性质黑白昭然。"此本乱世末流之行为，而非盛世圣朝之所应有"一组对偶句，正反对比，将曲培秋行为的性质提到国家安危的高度。如今在网络上读此判词，仍让人觉得判词铿锵有力。

一、语言是裁判文书的载体

司法裁判通过语言文字记录、传达，所以裁判文书是司法过程与结果的外化形式。诉讼双方当事人持有的是同一个版本的裁判文书，确保向双方当事人传达同样的裁判内容以及法律依据，明白无误。具体来讲，经过语言文字的表述，完成裁判文书所要传达内容的外化于行，再由受众通过阅、听，来感知裁判文书所要表达的意思。

（一）明确诉讼当事人身份

对诉讼当事人的最基本人身信息进行表述，可界定其唯一和特指的身份特性，也使与其关联的诉讼程序权利义务和诉讼实体权利义务具有了明确指向。就像一部小说，一个新闻故事，首先要交代"谁"是故事的主角一样，裁判文书对诉讼当事人人身信息有特别的格式要求，对必须包含哪些身份信息作出了严格规定，避免产生人身指向性的混淆和模糊。

诉讼当事人人身信息表述范围的要求是必要、准确，包括姓名、性别、出生年月日、民族、工作单位和职务或者职业、住所等。非必要的，比如自然人的履历、法人的内设机构，不应该列入身份信息。

【民商事案件一审判决书】范式要求（节选）[①]：

1. 诉讼参加人包括当事人、诉讼代理人。全部诉讼参加人均分行写明。

2. 当事人诉讼地位写明"原告""被告"。反诉的写明"原告（反诉被告）""被告"（反诉原告）。有独立请求权第三人或者无独立请求权第三人，均写明"第三人"。

当事人是自然人的，写明姓名、性别、出生年月日、民族、工作单位和职务或者职业、住所。外国人写明国籍，无国籍人写明"无国籍"；港澳台地区的居民分别写明"香港特别行政区居民""澳门特别行政区居民""台湾地区居民"。

共同诉讼代表人参加诉讼的，按照当事人是自然人的基本信息内容写明。

当事人是法人或者其他组织的，写明名称、住所，另起一行写明法定代表人或者主要负责人及其姓名、职务。

当事人及其法定代理人有委托诉讼代理人的，写明委托诉讼代理人的诉讼地位、姓名。委托诉讼代理人是当事人近亲属的，近亲属姓名后括注其与当事人的关系，写明住所；委托诉讼代理人是当事人本单位工作人员的，写明姓名、性别及其工作人员身份；委托诉讼代理人是基层法律服务工作者的，写明姓名、法律服务所名称及基层法律服务工作者执业身份；委托诉讼代理人是当事人所在社区、单位以及有关社会团体推荐的公民的，写明姓名、性别、住所及推荐的社区、单位或社会团体名称。

委托诉讼代理人排列顺序，近亲属或者本单位工作人员在前，律师、法律工作者、被推荐公民在后。

委托诉讼代理人为当事人共同委托的，可以合并写明。

格式写法：

原告：×××，男/女，××××年××月××日出生，×族，×××（工作单位和职务或者职业），住×××。

[①] 注：本书所引用裁判文书格式均来源于最高人民法院相关裁判文书制作规范和样式。

法定代理人/指定代理人：×××，×××。
委托诉讼代理人：×××，×××。
被告：×××，住所地×××。
法定代表人/主要负责人：×××，×××。
委托诉讼代理人：×××，×××。
第三人：×××，×××。
法定代理人/指定代理人/法定代表人/主要负责人：×××，×××。
委托诉讼代理人：×××，×××。

【刑事案件一审判决书】范式要求（节选）：

1. 公诉机关，直接写"公诉机关×××人民检察院"。在"公诉机关"与"×××人民检察院"之间不用标点符号，也不用空格。

2. 被害人和法定代理人、诉讼代理人出庭参加诉讼的，在审判经过段的"出庭人员"中写明（未出庭的不写）。

3. 被告人的基本情况有变化的，应在样式要求的基础上，根据不同情况作相应改动：

（1）被告人如有与案件有关的别名、化名，应在其姓名后面用括号加以注明。

（2）被告人的职业，一般应写工人、农民、个体工商户等；如有工作单位的，应写明其工作单位和职务。

（3）被告人的"出生年月日"，应写被告人准确的出生年月日；确实查不清出生年月日的，也可以写年龄。但对于未成年被告人，必须写出生年月日。

（4）被告人曾受过刑事处罚、行政处罚、劳动教养（现已停止该行政法规），或者在限制人身自由期间有逃跑等法定或者酌定从重处罚情节的，应当写明其事由及时间。

（5）因本案所受强制措施情况，应写明被拘留、逮捕等羁押时间，以便于折抵刑期。

（6）被告人项内书写的各种情况之间，一般可用逗号隔开；

如果某项内容较多，可视行文需要，另行采用分号或者句号。

（7）被告人的住址应写住所所在地；住所所在地和经常居住地不一致的，写经常居住地。

（8）同案被告人有二人以上的，按主从关系的顺序项书写。

（9）被告人是外国人的，应在其中文译名后用括号写明其外文姓名、护照号、国籍。

4. 被告人是未成年人的，应当在写明被告人基本情况之后，另行续写法定代理人的姓名、与被告人的关系、工作单位和职务以及住址。

5. 辩护人是律师的，只写姓名、工作单位和职务，即"辩护人×××，×××律师事务所律师"；辩护人是人民团体或者被告人所在单位推荐的，只写姓名、工作单位和职务；辩护人是被告人的监护人、亲友的，还应写明其与被告人的关系；辩护人如果是人民法院指定的，写为"指定辩护人"，并在审判经过段中作相应的改动。同案被告人有二人以上并各有辩护人的，分别在各被告人项的下一行列项书写辩护人的情况。

格式写法：

公诉机关×××人民检察院。

被告人×××（写明姓名、性别、出生年月日、民族、出生地、文化程度、职业或者工作单位和职务、住址和因本案所受强制措施情况等，现羁押处所）。

辩护人×××（写明姓名、工作单位和职务）。

【行政案件一审判决书】范式要求（节选）：

1. 提起行政诉讼的原告包括公民、法人或者其他组织。原告是公民的，写明姓名、性别、出生年月日、居民身份证号码、民族和住址，居民的住址应写住所地，住所地和经常居住地不一致的，写经常居住地。

原告是法人的，写明法人的名称和所在地址，并另起一行列项写明法定代表人及其姓名和职务等。

原告是不具备法人资格的其他组织的，写明其名称或字号和所在地址,并另起一行列项写明负责人及其姓名和职务。

原告是个体工商户的,写明业主的姓名、出生年月日、居民身份证号码、民族、住址;起有字号的,在其姓名之后用括号注明"系×××(字号)业主"。

原告是无诉讼行为能力的公民,除写明原告本人的基本情况外,还应列项写明其法定代理人或指定代理人的姓名、住址,并在姓名后括注其与原告的关系。

群体诉讼案件,推选或指定诉讼代表人的,在原告身份事项之后写明"原告及诉讼代表人×××",并写明诉讼代表人的基本情况,格式与原告基本情况相同。如涉及原告人数众多的,可在首部仅列明诉讼代表人基本情况,原告名单及其基本身份情况可列入判决书附录部分。

2. 行政判决书中的被告,应写明被诉的行政主体名称、所在地址;另起一行列项写明法定代表人或诉讼代表人姓名和职务;副职负责人出庭的在此不要列写,在交待到庭参加庭审活动的当事人及其他诉讼参加人情况时载明。法定代表人项下,另起一行列写委托代理人的基本事项。

3. 有第三人参加诉讼的,第三人列在被告之后,第三人基本情况的写法同上。

4. 委托代理人系律师或基层法律服务工作者的,只写明其姓名、工作单位和职务。当事人的代理人系当事人的近亲属的,应在代理人的姓名后括注其与当事人的关系。

代理人系当事人所在社区、单位以及有关社会团体推荐的公民的,应写明代理人的姓名、性别、出生年月日、居民身份证号码、民族、工作单位和住址。上述代理人应符合《最高人民法院关于适用〈中华人民共和国民事诉讼法〉的解释》第八十七条第一款的规定。

格式写法:

原告×××,×××(写明姓名或名称等基本情况)。

法定代表人×××,×××(写明姓名、职务)。

委托代理人(或指定代理人、法定代理人)×××,×××

（写明姓名等基本情况）。

　　被告×××，×××（写明行政主体名称和所在地址）。
　　法定代表人×××，×××（写明姓名、职务）。
　　委托代理人×××，×××（写明姓名等基本情况）。
　　第三人×××，×××（写明姓名或名称等基本情况）。
　　法定代表人×××，×××（写明姓名、职务）。
　　委托代理人（或指定代理人、法定代理人）×××，×××（写明姓名等基本情况）。

（二）呈现审理经过

　　裁判文书通过对案件来源、审理过程的简明表述，以文字的形式呈现整个审理经过，既体现了程序公正，比如是否充分保障了当事人的诉讼权利的问题、诉讼时效的问题、诉讼管辖的问题、案件管辖的问题、适用审判程序的问题等；同时，也将审判机关的审理活动置于社会公众的监督之下，司法过程全公开。审理经过的表述应该体现扼要、层次分明。

　　【民商事一审案件判决书】范式要求（节选）：
　　1. 案件由来部分简要写明案件名称来源。
　　2. 案件名称是当事人与案由的概括。民事一审案件名称为"原告×××与被告×××（写明案由）一案"。
　　3. 案件来源：是否指定管辖、提级管辖或移送管辖。
　　4. 是否发回重审。
　　5. 审理经过部分应写明立案日期及庭审情况。
　　6. 立案日期表述为"本院于××××年××月××日立案后"。
　　7. 庭审情况包括适用程序、程序转换、审理方式、参加庭审人员等（其他省略）。

　　格式写法：
　　原告×××与被告×××、第三人×××（写明案由）一案，本院于××××年××月××日立案后，依法适用普通程序，公开/因涉及×××（写明不公开开庭的理由）不公开开庭进行了审理。原告×××、被告×××、第三人×××（写明当事人和其他诉讼参加人的诉讼地位和姓名或者名称）到庭参加诉讼。本案现已审理终结。

上述格式要求及示例，都要求载明民商事案件的程序要件和要素：民商事案件适用不告不理原则；原告的起诉是否超过诉讼时效；原告被告是否适格。法院的受理和审理活动是否依法：是否存在超审限问题；审判组织是否存在回避、管辖权问题以及程序流转情况等。

【刑事案件一审判决书】范式要求（节选）：

审理经过部分包括以下内容（各部分之间用句号连接）

1. 案件名称与来源部分，包括起诉日期。

2. 受理及准备情况部分，包括立案日期、组成合议庭（或者独任庭）情况、公告、召开庭前会议及证据交换日期、当事人申请回避及人民法院决定回避情况、当事人申请财产（或者行为、证据）保全情况及日期、本院裁定保全日期及保全情况。

3. 庭审情况部分，开庭审理的应有开庭日期、当事人出庭参加诉讼情况（包括未出庭或者中途退庭情况）；不开庭审理的应有不开庭原因。

4. 其他情况部分，包括：中止审理情况、批准延长审限情况、其他法定扣除审限情况；没有的，不写。

格式写法：

被告人×××被控×××（写明案由）一案，（写明案件来源）。本院于××××年××月××日立案，依法组成合议庭（或者依法适用简易程序，实行独任审判），×××（写明庭前准备和召开庭前会议情况），×××（写明当事人申请保全和本院裁定保全情况）。×××（写明不公开审理原因），本院×××（写明开庭日期、审理方式）审理了本案，×××（写明检察院派员出庭支持公诉情况，当事人及其诉讼代理人等到庭参加诉讼情况）。×××（写明有关中止、批准延长审限和其他法定扣除审限情况)。现已审理终结。

实践中，如果涉及有附带民事诉讼的法律事实，也应在该部分载明有附带民事诉讼诉权的一方当事人是否行使附带民事诉讼权利，参加诉讼的经过等。

通过这些表述，还可以从中了解作出裁判的法院是否对案件具有管辖权、是否执行了刑事被告人的人权保障制度、是否存在超审限的违法审判问题，以审判组织组成人员是否存在回避事由等信息。

【行政案件一审判决书】范式要求（节选）：

一般由行政行为相对人对行政机关的行政行为起诉（以最高人民法院一审请求确认违法或无效类案件用判决书样式为例）。

格式写法：

原告×××因要求确认被告×××（行政主体名称）于××××年××月××日作出的×××（行政行为名称）违法（或无效）[要求确认被告不履行法定职责违法的，表述为原告×××因要求确认被告×××不履行……（行政行为的内容）的法定职责违法]，于××××年××月××日向本院提起行政诉讼。本院于××××年××月××日立案后，于××××年××月××日向被告送达了起诉状副本及应诉通知书。本院依法组成合议庭，于××××年××月××日公开（或不公开）开庭审理了本案。×××（写明到庭的当事人、行政机关负责人、诉讼代理人、证人、鉴定人、勘验人和翻译人员等）到庭参加诉讼×××。

行政诉讼案件是行政行为引起的诉讼，涉案的行政行为是引发行政诉讼的基础，在行政裁判文书的审理经过部分，要载明引发诉讼的具体行政行为。

（三）查明法律事实

审理查明部分，主要是认定相应的法律关系，民事案件对人身关系（如婚姻、亲子)、财产关系等进行明确,商事案件对合同关系进行明确,刑事案件对被告人的罪名、量刑进行明确,行政案件对行政行为是否具有可诉性和应当承担的行政责任进行明确。通过描述案件的事实、经过,为判定当事人的法律责任提供依据,充分体现"以事实为依据,以法律为准绳"的司法原则。

还是与小说、新闻故事来对照,裁判文书的认定事实部分,呈现了"是什么",且这个"是什么"是证据能够证明的,即法律事实,而不是事物的"原始样态",即客观事实。

【民商事案件一审判决书】范式要求（节选）：

事实部分主要包括：原告起诉的诉讼请求、事实和理由,被告答辩的事实和理由,人民法院认定的证据和事实。

1. 原告诉称包括原告诉讼请求、事实和理由。

先写诉讼请求,后写事实和理由。诉讼请求两项以上的,用阿拉伯数字加点号分项写明。

诉讼过程中增加、变更、放弃诉讼请求的,应当连续写明。增加诉讼请求的,写明："诉讼过程中,×××增加诉讼请求：×××。"变更诉讼请求的,写明："诉讼过程中,×××变更×××诉讼请求为：×××。"放弃诉讼请求的,写明："诉讼过程中,×××放弃×××的诉讼请求。"

2. 被告辩称包括对诉讼请求的意见、事实和理由。

被告承认原告主张的全部事实的,写明："×××承认×××主张的事实。"

被告提出反诉的,写明："×××向本院提出反诉请求：1.×××；2.×××。"后接反诉的事实和理由。再另起一段写明："×××对×××的反诉辩称,×××。

被告未作答辩的写明："×××未作答辩。"

3. 第三人诉（述）称包括第三人主张、事实和理由。

格式写法：

×××向本院提出诉讼请求：1.×××；2.×××（明确原告的诉讼请求）。事实和理由：×××（概述原告主张的事实和理由)。

×××辩称，×××（概述被告答辩意见）。

×××诉/述称，×××（概述第三人陈述意见）。

当事人围绕诉讼请求依法提交了证据，本院组织当事人进行了证据交换和质证。对当事人无异议的证据，本院予以确认并在卷佐证。对有争议的证据和事实，本院认定如下：1.×××；2.×××（写明法院是否采信证据，事实认定的意见和理由）。

【刑事案件一审判决书】范式要求（节选）：

叙述事实时，应当写明案件发生的时间、地点、被告人的动机、目的、手段，实施行为的过程危害结果和被告人在案发后的表现等内容，并以是否具备犯罪构成要件为重点，兼叙影响定性处理的各种情节。

格式写法：

×××人民检察院指控×××（概述人民检察院指控被告人犯罪的事实、证据和适用法律的意见）。

被告人×××辩称×××（概述被告人对指控的犯罪事实予以供述、辩解，自行辩护的意见和有关证据）。辩护人×××提出的辩护意见是×××（概述辩护人的辩护意见和有关证据）。

经审理查明，×××（首先写明经庭审查明的事实；其次写明经举证、质证定案的证据及其来源；最后对控辩双方有异议的事实、证据进行分析、认证）。

事实是判决的基础，是判决理由和判决结果的根据。刑事判决书事实部分包括四个方面的内容：人民检察院指控被告人犯罪的事实和证据；被告人的供述、辩解和辩护人的辩护意见；经法庭审理查明的事实和据以定案的证据，并分四个自然段书写，以充分体现控辩式的审理方式。

正如现代英国学者彼德·斯坦所说，法律的诉讼性质要求必须有一方胜诉另一方败诉，义务是否被履行，契约是否被违反，财产是有还是无，被告是否犯了指控的犯罪行为，都必须有一个明确的答复。

加强刑事裁判文书的说理性，就必然要求对案件发生的时间、地点、犯罪动机、目的、手段，及实施行为的过程和危害结果等通过语言进行叙述，而后推导出犯罪行为的法律后果，也有利于提升司法裁判的社会普遍认同感，起到以案释法、引领道德风尚的作用。

【行政案件一审判决书】范式要求（节选）：

行政案件的判决，重点对行政行为合法与否进行阐述，因此在查明事实部分，应详细载明行政行为的行为过程和程序。事实包括本案当事人争议的事实和人民法院认定的事实两方面。

1. 本案当事人争议的事实。一般应概括写明行政机关所作的具体行政行为，简述原告诉称的事实和被告辩称的事实，如有第三人参加诉讼，则应简述第三人的意见。

2. 人民法院认定的事实。这里应写明人民法院依照法律程序经审理查明的本案事实，在行政诉讼中，被告对作出的具体行政行为负有举证责任，应当提供作出该具体行为的证据和所依据的规范性文件。对本案当事人向法庭提供的若干证据，合议庭经依法审查，应当将本案的定案证据从当事人提交的证据中凸现出来，表述清楚。

格式写法：

被告×××（行政主体名称）于××××年××月××日作出×××（被诉行政行为名称），×××（简要写明被诉行政行为认定的主要事实、定性依据和处理结果）。原告×××诉称，×××（写明原告的诉讼请求、主要理由以及原告提供的证据、依据等）。

被告×××辩称，×××（写明被告的答辩请求及主要理由）。

被告×××向本院提交了以下证据、依据：1.×××（证据的名称及内容等）；2.×××。

第三人×××述称，×××（写明第三人的意见、主要理由以及第三人提供的证据、依据等）。

　　　　被告×××（行政主体名称）于××××年××月××日作出×××（被诉行政行为名称），×××（简要写明被诉行政行为认定的主要事实、定性依据和处理结果）。原告×××诉称，×××（写明原告的诉讼请求、主要理由以及原告提供的证据、依据等）。

　　　　被告×××辩称，×××（写明被告的答辩请求及主要理由）。

　　　　经审理查明，×××（写明法院查明的事实）。本院对上述证据认证如下：×××（写明法院的认证意见和理由）。

《行政诉讼法》规定，被告对作出的行政行为负有举证责任，应当提供作出该行政行为的证据和所依据的规范性文件。被告不提供或者无正当理由逾期提供证据，视为没有相应证据。行政裁判文书查明事实部分的格式要求上也体现了诉讼双方的诉讼地位、举证责任。

（四）分析论证证据

充分表述开庭审理中诉辩双方的举证、质证过程，从真实性、关联性、合法性三个方面对在案证据作出具体的论证意见，明确采纳与否，也是裁判结果的基础。

裁判文书的分析论证证据部分，将告诉我们"故事"里的"为什么"。从语言的角度讲，与小说、新闻故事截然不同，小说可以杜撰，新闻故事体现"存在即合理"，裁判文书的证明只遵从法律已有的规则，裁判文书在表述"为什么"时，基于的是前面查明法律事实部分，两部分的语言存在因果逻辑关系，因果推导的内在逻辑链条则来源于已有的法律规范或原则，语言表达严谨，叙述理由充分，法律依据明确。

　　　　【民商事案件一审判决书】范式要求（节选）：

　　　　1. 关于证据方面，当事人提交的证据和人民法院调查收集的证据数量较多的，原则上不一一列举，可以附证据目录清单。

　　　　对当事人没有争议的证据，写明："对当事人无异议的证据，本院予以确认并在卷佐证。"

对有争议的证据，应当写明争议证据的名称及法院对争议证据的认定意见和理由；对争议的事实，应当写明事实认定意见和理由。

2. 判决的理由，应当围绕当事人的诉讼请求，根据认定的事实和相关法律，逐一评判并说明理由。

理由部分，有争议焦点的，先列争议焦点，再分别分析认定，后综合分析认定。

没有列争议焦点的，直接写明裁判理由。

被告承认原告全部诉讼请求，且不违反法律规定的，只写明："被告承认原告的诉讼请求，不违反法律规定。"

本院认为，×××（写明争议焦点，根据认定的事实和相关法律，对当事人的诉讼请求作出分析评判，说明理由）。

《民事诉讼法》第一百五十五条规定："判决书应当写明判决结果和作出该判决的理由……判决认定的事实和理由、适用的法律和理由……"，在法治观念和公民权利意识日渐增强的当下，当事人和社会公众对司法公开和裁判的公正要求越来越高，原有的"说理简洁、通俗易懂"说理标准已是最低要求。

【刑事案件一审判决书】范式要求（节选）：

刑事判决书的说理基于查明认定的事实，证明案件事实的证据必须经法庭公开举证、质证，才能认证；未经法庭公开举证、质证，不能认证。特别要注意通过对证据的具体分析、认证来证明判决所确认的犯罪事实。防止并杜绝用"以上事实，证据充分，被告人也供认不讳，足以认定"的抽象、笼统的说法或者用简单的罗列证据的方法，来代替对证据的具体分析、认证。法官认证和采信证据的过程应当在判决书中充分体现出来。

格式写法：

本院认为，×××（根据查证属实的事实、证据和有关法律规定，论证公诉机关指控的犯罪事实是否成立，被告人的行

20 / 裁判文书语言与说理

为是否构成犯罪，犯的什么罪，应否从轻、减轻、免除处罚或者从重处罚。对于控辩双方关于适用法律方面的意见，应当有分析地表示是否予以采纳，并阐明理由）。

证据要尽可能写得明确、具体，证据的写法，应当因案而异。对控辩双方没有争议的证据，在控辩主张中可不予叙述，而只在"经审理查明"的证据部分具体表述，以避免不必要的重复。

【行政案件一审判决书】范式要求（节选）：

"本院认为"部分应当注意履行法定职责类案件的审理重点。

1. 履行法定职责类案件的重点是原告请求行政机关履行法定职责的请求能否成立，行政机关针对原告的申请已经作出拒绝性决定的，案件的审查范围当然包含但不限于拒绝性决定的合法性。

2. 判决书应当基于法院根据案件的已有的全部证据所能够确认的事实，以及相关法律依据，分析论述原告的请求能否成立，一般不限于原告、被告或者第三人的诉辩理由。

3. 应当注意案件裁判的成熟性，对于行政机关已经没有任何判断和裁量空间的案件，法院可以直接判决行政机关作出原告请求的特定法定职责。如果行政机关尚需要另行调查或者仍有判断、裁量空间的，则应当判决行政机关针对原告的请求重新作出处理，避免当事人错误理解裁判主文，防止重复诉讼，及时化解争议。同时，应当在"本院认为"部分适当论述或者说明裁判的意见和观点。

格式写法：

本院认为，×××（写明法院判决的理由）。

裁判不只是做决断而已，还必须解释判决的正确理由，而不是简单地下结论，且表明判决理由的逻辑合理性。通过"本院认为"，裁判文书对诉讼争议作出评判，是与非，轻与重，对与错，多与少，罪与非罪，此罪与彼罪。

（五）公开裁判结果

裁判通过语言清晰传达对法律关系的认定，对权利义务的分配，对法律责任的明确，为此，裁判文书对语言有着特别的要求。

无论是民商事案件、还是刑事案件或行政案件，诉讼的目的是通过审判确定原被告（或被告人）的法律责任和法律义务，并具有可履行性和司法的强制执行性。

裁判文书的判决结果是诉讼的终极指向，通过语言文字实现裁判文书的判项可视化。就像我们等待的"故事"有了结尾，裁判文书对诉讼内容给出了应该"怎么办"的结论。

【民商事案件一审判决书】范式要求：

民商事裁判文书的作用旨在定分止争，应对当事人诉请和争议问题一一对应予以阐明支持与否，要防止出现判非所请、遗漏判项的错误。

格式写法：

综上所述，×××（对当事人的诉讼请求是否支持及不予采信总结评述）。依照《中华人民共和国×××法》第×条、×××（写明法律文件名称及其条款项序号）规定，判决如下：

一、×××；

二、×××。

（以上分项写明判决结果）

民商事裁判文书判决部分的语言归纳很重要，好比将一条条诉讼请求和争议焦点用标尺测量后，精确放入不同规格尺寸的框框里。

【刑事案件一审判决书】范式要求（节选）：

刑事裁判是以公权力对危害国家、集体和个人权益达到一定程度的行为作出惩罚，包括剥夺财产、人身自由，直至剥夺生命。刑事审判历来强调"谦抑性"，刑事裁判文书的语言表述要体现罪刑法定原则，法无明文规定不为罪，疑罪要从无，保证无罪的人不受法律追究。

格式写法：

依照×××（写明判决的法律依据）的规定，判决如下：

×××写明判决结果。

具体又分三种情况：

1. 定罪判刑的，表述为：

"一、被告人×××犯××罪，判处×××（写明主刑、附加刑）。

（刑期从判决执行之日起计算。判决执行以前先行羁押的，羁押一日折抵刑期一日，即自××××年××月××日起至××××年××月××日止）。

二、被告人×××犯××罪×××（写明决定追缴、退赔或者发还被害人没收财物的名称、种类和数额）。"

2. 定罪免刑的，表述为：

"被告人×××犯××罪，免于刑事处罚（如有追缴、退赔或者没收财物的，续写第二项）。"

3. 宣告无罪的，表述为：

"被告人×××无罪"。

刑事裁判文书中判处的各种刑罚，应按照法律规定写明全称，既不能随意简化，也不能"画蛇添足"。证据不足宣告无罪的，应当将"证据不足，×××人民检察院指控的犯罪不能成立"，作为判决的理由，而不应作为判决的主文。

【行政一审判决书】范式要求（节选）：

行政裁判文书的判决，只针对诉争的行政行为的合法性作出结论，对不符合法律规定的行政行为判决确认违法、撤销或重新作出，但不包括重作的具体内容。

格式写法：

依照×××（写明判决依据的行政诉讼法以及相关司法解

释的条、款、项、目）的规定，判决如下：×××。

应特别注意的是，判决责令行政机关针对原告的请求重新作出处理的，对于行政机关能否履行职责的具体内容实质上法院尚未作出判断，对于原告相应的诉讼请求也就没有作出最终的裁判判决结果中不能采用"驳回原告其他诉讼请求"等表述。同时还应把握，行政行为证据确凿，适用法律、法规正确，符合法定程序的，或者原告申请被告履行法定职责或者给付义务理由不成立的，采用判决驳回原告诉讼请求的表述。

二、语言是裁判文书的传播介质

语言是促进人类社会发展最重要的工具，文字是记录语言的符号。正是历经几千年不朽的文字，得以让今天的我们去感知历代先辈明断是非曲直的智慧，最著名也最具考古价值的，应该是湖北省云梦县睡虎地秦墓出土的竹简。研究表明写于竹简上的文字属于战国晚期及秦始皇时期，是由墓的主人，一个叫"喜"的县令摘录的秦朝时的法律制度、行政文书、医学著作等，其中的《秦律十八种》《封诊式》《法律答问》《秦律杂抄》《效律》是研究中国古代法律制度最鲜活的素材。中国裁判文书网 2013 年 7 月上线，已成为世界最大的裁判文书网，至今上传文书超过 8700 万篇，访问总量超 392 亿次，并保持实时更新。通过互联网，我们随时随地都可以查询上网裁判文书，一些典型案件的判决广为流传，甚至成为司法实践中的里程碑，这也是裁判文书实现社会功能延展的重要途径。

（一）规制个体行为

最高人民法院在落实"努力让人民群众在每一个司法案件中感受到公平正义"的实践中，进一步健全审判流程、庭审活动、裁判文书、执行信息四大公开平台，不断拓展司法公开的广度和深度，让人民群众看得见、感受得到公平正义。

个人、团体的行为是受法律约束的，对于个人和普通的团体而言，"法无明文规定皆可为"，对于具有司法、行政执法权的单位，"法无明文规定不可为"。通过公开的裁判文书可以起到借鉴作用。如 2017 年 1 月 29 日，宁波市雅戈尔动物园突发老虎咬人事件。50 岁男子张某给家人购买入园门票，为省

130 元门票钱，自行攀爬 3 米高的围墙，从悬挂"内有猛虎，请勿攀爬"警示语的铁丝网钻进老虎散养区，被老虎撕咬，饲养员诱导老虎离开无果，民警赶来击毙老虎，张某抢救无效死亡。

事发后，舆论一片哗然，张某逃票行为成为国人缺乏规则意识的印证，网上出现了大量倡导规则之治的"挺虎派"；也有民众认为险情出现后动物园控制不力，救助不及时；网民对保护"人权"还是"虎权"形成博弈。

我国《民法典》第七编"侵权责任"设置了第九章"饲养动物损害责任"，下设第一千二百四十八条"动物园的动物造成他人损害的，动物园应当承担侵权责任，但是，能够证明尽到管理职责的，不承担侵权责任"。动物园设置购票点、围墙、警示语、铁丝网直至击毙老虎，一般会认为尽到了管理职责，以常规演绎推理将导出动物园无责的结论。

但无责结论将会引发质疑：逃票翻墙行为必然带来死亡后果吗？动物园缺乏险情应急措施的迅速响应，是否会导致意外发生时人人自危？这是裁判"不可欲"的结果。而"可欲"的结果是：通过征信体系构建规则之治；以裁判的指引作用，改变动物园重警示轻控制的管理模式，维护公众的安全利益。《民法典》第七编"侵权责任"第八章"高度危险责任"下设第一千二百三十六条规定"从事高度危险作业造成他人损害的，应当承担侵权责任"。与第一千二百四十八条过错责任推定原则不同，此条适用严格责任，对不断出现的新类型高度危险行为具有开放式纳入功能。

法院裁判对法律规范的选择，意味着对凶猛动物饲养者提出了更高的控制救助要求，强化了对生命权、公众利益等基础性、普遍性权利的保护，使裁判具有广泛接受性和前瞻性。

（二）接受社会监督

裁判是重要的司法活动，根据诉讼法的相关规定，凡是不涉及未成年人保护、个人隐私、商业秘密、国家机密的诉讼案件一律公开审理并公开裁判文书。这也是司法活动接受舆论和公众监督的重要途径。最高人民法院致力于打造四大公开平台，目的是让当事人和社会公众完整地了解司法裁判的全过程，变当事人千方百计打探案件信息为法院第一时间主动推送案件信息。让公平正义不仅要实现，还要以人民群众看得见的方式来实现。

第四节　裁判文书的特殊语言属性

裁判文书，首先是"文书"，作为文书，则有文书语言的一般属性，同时，又具有裁判的特殊属性即规范权利义务的强制性，这也就决定了裁判文书在应该符合文书的一般语言属性的同时，还应符合其特殊的语言属性。

一、裁判文书的文体属性

裁判文书应该以社会大众普遍能够理解的通俗易懂的语言表述。最高人民法院2017版《民事诉讼文书样式》（含《人民法院民事裁判文书制作规范》和《民事诉讼文书样式》两部分）以"努力制作当事人和社会公众可信服、可接受的裁判文书"为题作序。

序言指出：裁判文书不但是人民法院呈现给当事人的反映诉讼进程，诉讼结果的法律凭证，也是链接和沟通法院和社会公众的桥梁和纽带。裁判文书的最大价值在于为当事人和社会公众所认可、信服和接受，使司法公信力得以彰显。为此，全国各级法院和广大法官要高度重视裁判文书的质量。提高质量的根本取决于裁判的公正性，包括实体公正和程序公正。这就要求法官在民事裁判文书中准确体现审理案件过程中的事实认定、法律适用，进行充分的辨析说理。在民事裁判文书制作中，既要强化说理意识，提升说理能力和水平，解决不说理、不会说理问题，也要增强说理的正确性、简明性和逻辑性，解决说理不当、说理冗长问题。裁判文书的质量，还体现在其制作的规范性。全国各级法院和广大法官要按照《人民法院民事裁判文书制作规范》的要求，规范和统一民事裁判文书写作标准，确保民事裁判文书要素齐全、结构完整、格式统一、逻辑严密、条理清晰、文字规范、繁简得当。

序言特别强调了要"努力制作当事人和社会公众可信服、可接受的裁判文书"，这也是一份合格裁判文书应有的品质。裁判文书终究是对当事人权利义务的明确，最直接的属性是要"看得懂"，普通大众能看懂，不识字的能听懂，而不是故弄玄虚，词语艰涩难懂，逻辑推理复杂；更不能云山雾罩地假设，或态度暧昧，权责分配表述不清。

二、裁判文书的结构属性

与其他请示、报告、总结等格式公文不同,裁判文书的结构化在于其格式各部分的内在关联性。还原法律事实的基础上,通过辨法析理回答"是什么";归纳证据形成证明锁链,证明"为什么";对照法律条文,裁判"怎么办"。

结构的关联性。诉请或指控只能表述诉讼的请求和理由,查明事实只能表述法院审理所查明的事实和理由,"本院认为"则是将查明的事实规制与具体法律条款,从而认定涉案的法律关系,最后作出符合法律的判决。裁判文书的结构化要求各部分的内容要保持其内在的关联性,不可随意转换和交叉混杂。

结构的逻辑性。法律事实与法律后果之间具有逻辑的因果关系,或称逻辑的必然性条件。且其中的逻辑因果关系具有确实充分和唯一性的特点。

三、裁判文书的证明属性

裁判的终极作用是定分止争,针对诉请,裁判文书必须明确表态"支持"或"不予支持(驳回)",没有模棱两可,保证裁判结果的唯一性而非开放性和多重性,简言之,裁判是对当事人法律责任的分配。

示例 HB省高级人民法院(20××)×民二初字第×××号民事判决书尾部:

综上,2008年7月7日《股权转让协议》是当事人的真实意思表示,不违反我国法律、行政法规的效力性强制性规定,为有效合同。HB××集团有限公司、蒋××的诉讼请求无事实与法律依据,本院予以驳回。HB××集团有限公司、蒋××在履行《股权转让协议》中存在违约行为,其发出的解除合同通知不产生解除《股权转让协议》的法律效力。李×、杨×关于《股权转让协议》有效、应予继续履行及未付的股权转让款已经全部抵扣的反诉请求成立,本院予以支持。经本院审判委员会讨论决定，依照《中华人民共和国合同法》第五十二条、第六十七条、第九十三条、第九十四条、第一百零七条、第一百二十五条，《中华人民共和国民事诉讼法》第一百四十二条、第二百六十九条之规定，判决如下：

一、驳回HB××集团有限公司、××的本诉请求；

二、确认2008年7月7日HB××集团有限公司、蒋××与李×、杨××签订的《股权转让协议》有效；

三、HB××集团有限公司、蒋××于2009年8月7日发出的《通知》不产生解除《股权转让协议》的效力，《股权转让协议》应予继续履行；

四、李×、杨××未支付的股权转让款2.295亿元已因偿付应由HB××集团有限公司、蒋××承担的HB××房地产有限公司债务而抵扣完毕，李×、杨××不再负有对HB××集团有限公司、蒋××支付股权转让款的义务。

本诉案件受理费98.92216万元，诉讼保全费5000元，由HB××集团有限公司、蒋××共同负担，反诉案件受理费113.26万元，由HB××集团有限公司、蒋××共同负担56.63万元，李×、杨××共同负担56.63万元。

如不服本判决，蒋××可在判决书送达之日起三十日内，其他当事人可在判决书送达之日起十五日内，向本院递交上诉状，并按对方当事人的人数提交副本，上诉于中华人民共和国最高人民法院。上诉人应在提交上诉状时，根据不服本判决的上诉请求数额及《诉讼费用交纳办法》第十三条第（一）款的规定预交上诉案件受理费。

邹碧华法官提出的"民事审判九步法"中，第九步是要件归入并作出裁判，法院将查明的案件事实，与原被告的主张所对应的法律规范的各项构成，逐一进行比对，进行归入并根据归入的结果作出适用或者不适用该法律条文裁判的过程，而裁判结果就如同上述示例的民事判决，做到定性准确，当事人的权利义务清晰，责任明确，具有可执行性。

四、裁判文书与一般公文的区别

在所有公文性质的文本中，裁判文书是其中最特别的文本种类，它兼具公文所要求的一般性语言属性和裁判文书特有的语言属性。

（一）一般公文的语言属性

一般公文由党政机关或企事业单位制作，也有格式化、规范化的要求，包括的种类较多。

行政机关的公文种类主要有：

（1）命令（令）。适用于依照有关法律公布行政法规和规章；宣布施行重大强制性行政措施；嘉奖有关单位及人员。

（2）决定。适用于对重要事项或者重大行动作出安排，奖惩有关单位及人员，变更或者撤销下级机关不适当的决定事项。

（3）公告。适用于向国内外宣布重要事项或者法定事项。

（4）通告。适用于公布社会各有关方面应当遵守或者周知的事项。

（5）通知。适用于批转下级机关的公文，转发上级机关和不相隶属机关的公文，传达要求下级机关办理和需要有关单位周知或者执行的事项，任免人员。

（6）通报。适用于表彰先进，批评错误，传达重要精神或者情况。

（7）议案。适用于各级人民政府按照法律程序向同级人民代表大会或人民代表大会常务委员会提请审议事项。

（8）报告。适用于向上级机关汇报工作，反映情况，答复上级机关的询问。

（9）请示。适用于向上级机关请求指示、批准。

（10）批复。适用于答复下级机关的请示事项。

（11）意见。适用于对重要问题提出见解和处理办法。

（12）函。适用于不相隶属机关之间商洽工作，询问和答复问题，请求批准和答复审批事项。

（13）会议纪要。适用于记载、传达会议情况和议定事项。

党的机关公文种类主要有：

（1）决议。用于经会议讨论通过的重要决策事项。

（2）决定。用于对重要事项作出决策和安排。

（3）指示。用于对下级机关布置工作，提出开展工作的原则和要求。

（4）意见。用于对重要问题提出见解和处理办法。

（5）通知。用于发布党内法规、任免干部、传达上级机关的指示、转发上级机关和不相隶属机关的公文、批转下级机关的公文、发布要求下级机关办理和有关单位共同执行或者周知的事项。

（6）通报。用于表彰先进、批评错误、传达重要精神、交流重要情况。

（7）公报。用于公开发布重要决定或者重大事件。

（8）报告。用于向上级机关汇报工作、反映情况、提出建议，答复上级机关的询问。

（9）请示。用于向上级机关请求指示、批准。

（10）批复。用于答复下级机关的请示。

（11）条例。用于党的中央组织制定规范党组织的工作、活动和党员行为的规章制度。

（12）规定。用于对特定范围内的工作和事务制定具有约束力的行为规范。

（13）函。用于机关之间商洽工作、询问和答复问题，向无隶属关系的有关主管部门请求批准等。

（14）会议纪要。用于记载会议主要精神和议定事项。

（二）制作主体的区别

裁判文书只能由人民法院制作，这是由审判机关的法定职权所决定的。

新一轮司法改革不断推进，司法改革涉及的内容十分广泛，包括法官的职业化改革、审判方式创新改革、司法责任制改革等内容，改革的基本思路是以法院工作人员分类管理、法官职业化改革为基础，以司法责任制改革为保障。

司法体制改革后实行法官员额制，要求"让审理者裁判，由裁判者负责"。按照司法责任制规定，依据《法官法》和《人民法院组织法》，提交法院审判委员会讨论决定的案件，由主持审判委员会的院长、副院长签发裁判文书，其他的由法官自行签发。人民法院依照法律规定独立行使审判权，不受行政机关、社会团体和个人的干涉，同时接受人大和检察机关的监督。

（三）语言立场的区别

裁判文书要求语言的中立性和语句的陈述性。中立性体现在司法的居中裁判，表现在裁判文书上，语言不能带有情感的偏向，语句使用陈述式，避免修辞性语言。对待当事人双方，陈述双方的观点也要尽量保持篇幅上的平衡。

示例：××市××区人民法院民事裁定书

吴×申请再审称：本案一审判决认定的基本事实缺乏证据证明，再审申请人有新的证据足以推翻原判决；一审法院送达判决书程序不符合规定，吴×当时正在被监禁，没有签收判决书。吴×依据《中华人民共和国民事诉讼法》第二百条第一、二项之规定申请再审。

司×提交意见称：吴×的再审申请缺乏事实与法律依据，一审判决事实清楚，适用法律正确，程序合法，请求驳回吴×的再审申请。

本院认为：本院（20××）×民一初字第×××号民事判决书系2011年8月8日由法院审判人员在某监狱工作人员陪同下向吴×宣判，因吴×拒绝在判决书送达回证上签收，故采取留置送达方式，该送达程序合法有效。现再审申请人吴×以判决书送达程序不合法为由申请再审，但未提出新的证据，不符合《中华人民共和国民事诉讼法》第二百条第一项规定的"有新的证据，足以推翻原判决、裁定的"的情形。《中华人民共和国民事诉讼法》第二百零五条规定：当事人申请再审，应当在判决、裁定发生法律效力后六个月内提出；有本法第二百条第一项、第三项、第十二项、第十三项规定情形的，自知道或者应当知道之日起六个月内提出，故再审申请人吴×提出再审申请的时间，亦不符合上述规定期限。

综上，吴×的再审申请已超过《中华人民共和国民事诉讼法》第二百零五条规定的申请再审期限。依照《中华人民共和国民事诉讼法》第二百零四条第一款、第二百零五条之规定，裁定如下：驳回吴×的再审申请。

该裁判文书说理部分，围绕再审申请人提出的疑问，先阐释关于送达的规定，然后结合诉讼流程陈述送达经过，做到有的放矢，全面客观公正地审查判断，以理服人。

谦抑性原则原本是刑法范畴的概念，又称必要性原则，指立法机关只有在该规范属必不可少——没有可以代替的其他适当方法存在的条件下，才能将某种违反法秩序的行为设定成犯罪行为。所谓刑法的"谦抑性原则"，指用最少量的刑罚取得最大的刑罚效果。2017年中央政法工作会上，孟建柱同志谈到依法保护产权时，就提出要在严格依法办事的原则下树立"谦抑"理念，对通过民事、行政法律手段就能妥善处理的经济案件，不使用强制手段，努力以较小成本取得较好成果。

将"谦抑"理念提升为司法的理念，人民法院有所为有所不为，是法治思维的进步。如2019年7月29日，山东省莱西市人民法院公开开庭审理了原告柳×诉被告刘×名誉权纠纷案件，当庭作出裁定"驳回原告柳×的起诉，案件受理费500元，不予退还"，这起"将成员移出群聊群主成被告"案一审终结。

裁判文书中体现"谦抑"，就是所有表述要在法律的前提下，不予道德评判，更不能使用歌颂、表扬或者鞭挞、责难的语言。2018年6月13日实施的《最高人民法院关于加强和规范裁判文书释法说理的指导意见》第十五条规定：裁判文书行为应当规范、准确、清楚、朴实、庄重、凝练，一般不得使用方言、俚语、土语、生僻词语、古旧词语、外语；特殊情形必须使用的，应当注明实际含义。裁判文书释法说理应当避免使用主观臆断的表达方式、不恰当的修辞方法和学术化的写作风格，不得使用贬损人格尊严、具有强烈感情色彩、明显有违常识常理的用语。

（四）接受对象的区别

一般性公文的接受对象是不特定的，有的针对一般公众，比如国务院关于春节放假的通知，具有全体性约束力；有的针对某一类对象，比如进站须知，只针对乘客。一般性公文只有当对象的行为与公文所规制的范畴发生关系时才构成约束力。裁判文书确定具体对象（自然人、法人）的权利义务，具有明确的指向，具体的内容。同时，所确定的权利义务不可由另外的自然人、法人替代，也不能以其他的权利义务来代替。在裁判文书的判项部分，直接对当事人应当履行的责任、享有的利益进行明确无误的表述，乃至实现权利、履行义务的时间、方式，延迟履行的惩罚性要求都作了具体表述。

丹宁勋爵曾说："要想在与法律有关的职业中取得成功，你必须尽力培养自己掌握语言的能力。"裁判结果要呈现以法律为准绳的精神，在法律体系下分析证据证明法律事实，也就是必须使用"法言法语"。界定权责，厘清法律事实和客观事实的差异，都必须体现有法可依、执法必严、违法必究，客观公正。

第二章　裁判文书格式的语言要求

影响裁判文书语言表达水平，除了裁判文书制作人也就是法官的语言驾驭能力，文书样式本身、法律条文的语法问题也不容忽视，如果文书样式和法律条文本身存在语法文法缺陷，甚至逻辑错误，相当于裁判文书自带瑕疵，先天不足，必然影响其说理的自洽性。

规范文本样式

改革开放以来，最高人民法院一直十分重视裁判文书的规范统一，出台了一系列裁判文书样式。裁判文书的整体格式更加简明，各部分要素齐全，也更加重视说理和论证。当前推行的繁简分流，对裁判文书也提出了新的要求。简案快审，事实清楚、争议不大的案件，可以采用要素式、表格式、令状式的裁判文书格式；繁案精审，重大疑难案件或者具有标志性意义的新类型案件，裁判文书则要说理透彻、论证全面。

一、首部部分

首部包括文书名称、案件编号、当事人（诉讼参与人）身份情况。这一部分往往容易出现一些低级的书写错漏问题，主要是制作人不太注意核对信息而产生的。

第一，裁判文书与裁判内容不一致，尤其现在使用电脑打字，文字版本一般采取复制方式，可能把"民事判决书"粘贴成为"民事裁定书"。

第二，裁判文书的编号，与立案表上不一致，同一案件，出现管辖异议、诉讼保全、部分先予裁判的情形，没有按照要求对裁判文书进行编序。

第三，文书样式与法律条文的不一致性。根据《刑事诉讼法》和《民事诉讼法》的相关规定（具体条文），当事人的身份情况包括姓名、××、××、××等，而样式则规定为××、××、××、××等。

第四，当事人是自然人的，应当写明其姓名、性别、出生年月日、民族、职业或者工作单位等，身份事项以居民身份证、户籍证明为准。特别注意的是不要将"公民身份证号码"写成日常习惯用语"身份证号码"，在判决书中书写上述内容时应注意书写准确，当事人姓名应当核对身份证姓名，避免责任主体出现错误。如某民事判决书首部，因为校对不仔细，在身份表述上出现遗漏。

示例（摘录）：

原告张×，女，1990年6月6日出生，汉族，住WH市××区××路××号。居民身份证号码×××××××××××××××××。

被告谭×，男，1980男10月6日出生，汉族，住WH市××区××路××号。居民身份证号码×××××××××××××××××。

被告谭××，女，1984年2月28日出生，汉族，住WH市××区××路××号。居民身份证号码×××××××××××××××××。

被告王品，女，1981年1月27日出生，汉族，住WH市××区××路××号。居民身份证号码×××××××××××××××××。

因原告张×根据被告王品在担保书潦草的签名，误将被告王品写成王晶，法官在起草判决书时，根据原告的起诉状，也将被告王品写成王晶，导致在执行阶段拍卖被告房产时，发现房产证记载的姓名与裁判文书当事人的姓名不同。该案判决书在制作时忽略了核对当事人的身份证记载内容。

第五，具体的表述内容缺乏统一，因制作者、地域的不同而存在不同。如职业，有的冠以单位、职务等，有的直接写"工人""务农"等。当事人的身份情况在格式中是没有政治面貌一项的，但实践中有些文书写明了当事人的政治面貌，甚至宗教信仰也出现在裁判文书中，这是不符合规范的。

第六，当事人是不具备法人条件的分支机构、其他组织或者起字号的合伙人的，将其负责人写为法定代表人。当事人是个体工商户的，没有将营业执照登记的业主列为当事人。无民事行为能力人、限制民事行为能力人的当事人，遗漏法定代理人，或者错误列为委托代理人。

第七，代理人的表述，在区分律师和一般民间代理，以及代理权限的表述上也不统一。在民事案件中，有法定代理人、委托诉讼代理人、公民代理等多种情况。确认公民个人代理身份时，应注意依法审查后在裁判文书中予以明确。

参照《重庆市高级人民法院关于公民代理民事诉讼若干问题的解答》（渝高法〔2015〕270号）规定，可以借鉴其就公民代理民事诉讼作出的解答。

1. 公民代理民事诉讼中，"当事人的近亲属"范围如何界定？

当事人的近亲属是指与当事人有夫妻关系、直系血亲、三代以内旁系血亲、近姻亲关系以及其他具有抚养、赡养关系的亲属。其中，"近姻亲"是指配偶的父母、配偶的兄弟姊妹及其配偶、子女的配偶及子女配偶的父母、三代以内旁系血亲的配偶。

2. 以当事人近亲属名义作为诉讼代理人的，如何证明与当事人存在近亲属关系？

当事人一般应当提交户口簿、结婚证、收养证明、出生证明、人事档案、生效裁判文书等有较高效力的证明材料。当事人提交前述证明材料确有困难的，也可以提交居民委员会、村民委员会开具的证明等足以证实双方存在近亲属关系的其他证明材料。

人民法院认为有必要的，可以向当事人及其代理人告知提交虚假亲属关系证明材料的后果，并要求当事人在告知笔录上签字按印或者出具亲属关系真实性的书面保证。

3. 公民代理民事诉讼中，当事人工作人员的范围如何界定？

当事人工作人员是指与当事人存在合同劳动人事关系的职工。与当事人不存在劳动人事关系的法律顾问、与当事人签订仅以特定诉讼活动为工作内容的劳动合同的人员等，不能作为当事人的工作人员被委托为诉讼代理人。

法人的工作人员可以被委托为其分支机构的诉讼代理人；分支机构的工作人员也可以被委托为其上级法人的诉讼代理人。

4. 以当事人工作人员名义作为诉讼代理人的，如何证明与当事人存在合法劳动人事关系？

当事人应当提交所委托工作人员的社会保险缴费记录、劳动合同、上岗证或者工作证、工资支付记录等证明材料，足以证实被委托人与其存在合法、真实、持续的劳动人事关系。

5. 当事人所在社区或者单位推荐的公民担任诉讼代理人，应当符合哪些条件？

当事人所在社区是指当事人住所地或者经常居住地的居民委员会、村民委员会。所在社区推荐的公民代理人应当是本社区的居民或者本社区工作人员。当事人所在单位是指与当事人之间存在合法劳动人事关系的组织，既包括国家机关、企事业单位、也包括其他组织。所在单位推荐的公民代理人应当是本单位的工作人员。人民法院查明或者对方当事人证明被推荐人与当事人存在有偿法律服务关系的，则不容许其作为代理人参加诉讼；人民法院应当将此情况通报社区。

第八，对特殊的身份情况，如对被告人的前科、累犯情节表述，劳教经历的表述、未成年人的身份，基于特殊案件的被害人身份信息等都不一致。

第九，刑事案件被告人的累犯等前处情况属于人身基本情况在首部部分写明，还是作为量刑的情节，在查明中表述，值得商榷。既然前处影响量刑，比如累犯、前科；甚至影响定罪，比如扒窃数额不够，但达到一定时间内多次即可定罪，再比如曾经受到行政处罚的非法经营罪等，放在审理查明段落更恰当。

示例（摘录）：

HB 省 ZX 市人民法院（20××）×××刑初×××号刑事判决书首部，对被告人身份、经历等关键信息陈述全面规范。

公诉机关 HB 省 ZX 市人民检察院。

被告人孔××，绰号"孔老二"，男，汉族，1967年12月10日出生于湖北省ZX市，初中文化，JM市××酒店有限公司法定代表人，住JM市××区×××路××号。因本案于2017年2月3日被羁押，次日被监视居住，2月18日被刑事拘留，3月24日被逮捕。现羁押于××县看守所。

辩护人刘××、李××，湖北××律师事务所律师。

被告人孔×洲，绰号"孔老四"，男，汉族，1971年2月20日出生于湖北省ZX市，初中文化，JM市××酒店有限公司股东，户籍地××市××区××路××号，住JM市××区××路×××小区4栋1单元302室。2000年12月19日因犯故意伤害罪、非法拘禁罪被JM市DB区人民法院判处有期徒刑三年，缓刑四年；2001年9月11日因犯参加黑社会性质组织罪、强迫交易罪被JM市中级人民法院决定撤销缓刑，合并执行有期徒刑八年六个月，并处罚金人民币八千元，2006年6月23日刑满释放。因本案于2017年2月3日被羁押，次日被监视居住，2月18日被刑事拘留，3月24日被逮捕。现羁押于××县看守所。

辩护人吴××，××律师事务所律师。

辩护人郭××，××律师事务所实习律师。

被告人任××，绰号"德哥"，男，汉族，1977年1月15日出生于湖北省SY县，初中文化，无固定职业，户籍地××县×××镇××街××号，住JM市×××区×××小区××栋××室。1995年11月22日因犯盗窃罪被JM市SY区人民法院判处有期徒刑三年六个月；2007年8月6日因犯故意伤害罪被JM市DB区人民法院判处有期徒刑一年六个月，2008年10月10日刑满释放。因本案于2017年2月3日被羁押，次日被监视居住，2月14日被刑事拘留，3月24日被逮捕。现羁押于××市看守所。

辩护人邓××，××律师事务所律师。

二、审理程序部分

裁判文书中审理程序部分主要载明了案由、案件的来源、审判组织、审理经过等要素，既反映了对当事人诉讼权利的保障，也明示审判活动的合法性，案由确定了"审什么"，审理程序确定了"怎么审"，与主文部分共同形成裁判推导的逻辑闭环。这部分应注意要按照最高人民法院确定的案由，准确、全面地载明审理经过。有些案件审理过程相对复杂，经过一审、二审、发回重审、再审等，所有审判过程都应该在裁判文书中一一表述。

第一，判决书所列的案由应准确反映诉争法律关系，避免不加区分地直接引用立案案由或者大类案由。

示例（摘录）：

HB省高级人民法院（20××）×刑终×××号刑事附带民事判决书，首部对犯罪性质予以明确。

HB省WH市中级人民法院审理WH市人民检察院指控原审被告人舒××犯组织、领导黑社会性质组织罪、故意伤害罪、聚众斗殴罪、寻衅滋事罪、非法持有枪支、弹药罪、妨害公务罪及原审附带民事诉讼原告人孙××、徐××、孙××共同提起附带民事诉讼一案，于2015年11月10日作出（20××）W中刑初字第×××号刑事附带民事判决。宣判后，原公诉机关WH市人民检察院、原审被告人舒××对原审刑事部分判决不服，分别提出抗诉、上诉；原审附带民事诉讼原告人孙××、徐××、孙××对原审附带民事部分判决不服，提出上诉。本院依法组成合议庭，于2017年7月25日召开庭前会议，于2017年11月24日公开开庭审理本案。HB省人民检察院指派检察员××、××出庭支持抗诉。上诉人孙××、徐××，上诉人舒××及其辩护人杨××、周××到庭参加了诉讼。本案经合议庭评议并提交本院审判委员会讨论决定，现已审理终结。

第二，审理程序部分，应全面反映案件的受理日期、开庭时间、审判组织的组成、是否公开开庭、诉讼参加人的出庭情况；出现审判组织的变更、回避的申请及处理、诉讼中止事由及处理、审理期限的延长、以及当事人之间的本诉反诉情况、变更诉讼请求、追加当事人情况应予说明；经过审判委员会讨论应予表述；发回重审案件需要说明审判组织的变更。上述问题也涉及保障当事人诉权的问题。

示例（摘录）：

WH 市 JH 区人民法院（20××）×××民初×××号民事判决书首部，对案情发展过程陈述明晰。

原告（反诉被告）HB××产品展销有限公司与被告（反诉原告）WH 市××家具集团有限公司房屋租赁合同纠纷一案，本院于 2013 年 7 月 9 日受理后，同年 9 月 16 日作出（2013）×JH 民二初字第×××号民事调解书，HB××产品展销有限公司于 2014 年 5 月 5 日向本院申请执行，本院于 2014 年 5 月 12 日作出（2014）×××执字第×××号执行裁定书，双方当事人部分履行了上述民事调解书内容。2014 年 5 月 28 日，WH 市××家具集团有限公司对上述民事调解书申请再审，本院于 2014 年 10 月 17 日作出（2014）×××民申字第×××号民事裁定书，本案进入再审、中止执行。2016 年 1 月 15 日，本院作出（2014）×××民再字第×××号民事判决书，WH 市××家具集团有限公司不服判决提出上诉，WH 市中级人民法院于 2016 年 8 月 22 日作出（2016）×××民再×××号民事裁定书，撤销一审判决、发回重审。本院于 2016 年 10 月 14 日立案后，依法另行组成合议庭进行了审理，公开开庭时原告（反诉被告）HB××产品展销有限公司委托诉讼代理人卢××、韩×，WH 市××家具集团有限公司的委托诉讼代理人胡××、何××均到庭参加诉讼。本案现已审理终结。

三、诉请与答辩部分

如何简要综述原告（公诉人）的诉讼理由和诉讼请求以及被告（被告人）的答辩意见，关系到讼争事实和理由，样式在这部分过于简化或者过于抽象都不可取。

第一，没有解决如何从起诉状（书）过渡到文书格式内的综合简述，往往因为引用起诉状（书）出现偏颇，造成判非所请。

第二，判决书中归纳起诉、答辩，以及事实和理由过于冗长，或者称谓出现错误，或者有土语、侮辱性语言，不加处理，予以引用到判决书中引发当事人之间矛盾。

如某判决书载明："原告诉称，被告性格固执、任性，难以沟通相处，而且见钱眼开，不负家庭责任。被告不管子女，几乎没有抚养过两个子女。被告平时见钱眼开，开口闭口向原告要钱，不给或给少了就吵……而且被告还经常乘坐一位陌生男子的轿车回家，社会议论纷纷。"虽然在法院裁判文书中查实事实、说理部分均没有对上述陈述予以确认，但在办理房产权属证明、再婚、子女户口迁移、出国签证等场合，均需要出示离婚判决书，原告夸大其词、主观臆断的说辞均直接呈现在判决书上，致使当事人十分难堪，导致离婚后双方矛盾进一步加剧，更是加深了当事人对法院工作的不满。

四、事实部分

这部分的格式自有一个引导词"经审理查明"，"经审理查明"部分需满足什么要件没有明确。有些样式还存在语法问题，刑事案件简化审的文书样式中"被告人对上述查明事实亦无异议"，"亦"字用在此处让人匪夷所思。

2016年《民事诉讼文书样式》在这部分作了很大改动，本书第一章第三节已摘录。

但新的范式存在一些问题，需要通过表述进行弥补。

1. 只对有争议的证据和事实进行了认定，没有争议的则认定是"证据"，不符合大众对法院查明事实分清是非的认知。

2. 使用了比较文言的"在卷佐证"。其一，实际上凡是当事人提交的证明材料都会附案保存,这句话并没有特别含义,加之比较"书面语"一些,文化水平较低的当事人并不一定理解,裁判文书作为司法公共产品,要言简更要意赅,保证一般文化水平的人可以听懂读懂。其二,从字面分析,"在卷佐证"的是当事人无异议的证据,等于是在说"证据佐证证据",语法不通,在案证据佐证的是事实而不是"证据"。

《民事诉讼文书样式》在民事一审普通程序判决书样式的说明中,"四"项下的(二)是说明的"证据和事实认定":"对有争议的证据,应当写明争议证据的名称及法院对争议证据的认定意见和理由";"五"项是说明的"理由":"理由应当围绕当事人的诉讼请求,根据认定的事实和相关法律,逐一评判并说明理由"。裁判文书两个不同的部分表述中都涉及"理由",但这两个"理由"有区别,既然在"理由"项下专门谈理由,那么在"事实"项下应尽量避免涉及"理由"。

五、论证部分

对诉辩双方提交的证据材料进行论证,符合证据要求,具备真实性、关联性、来源正当性的确定为证据予以采信,对不具有真实性、关联性、来源正当性的不予采信。

示例(摘录):

HB 省高级人民法院(2014)×民一初字第×××号民事判决书阐述了对证据从"三性"上审查的采信情况。

对双方提交的证据本院审核认为:

对 XD 公司提交的第一组证据 1,第二组证据 2~9,第三组证据的 10、11,第四组证据 15~18,第五组证据 19、20,第六组证据 21、22,第七组证据 23、25,第八组证据 26、27,第九组证据 29、30,第十一组证据 36~38,第十三组证据 40,因 ZSH 集团公司对真实性没有异议,本院予以认定。对 XD 公司提交的第三组证据 12、13,第十组证据 32~35 的真实性,ZSH 集团公司虽认为无法核实;对第三组证据 14,第七组证据 23、25,第十二组证据 39 的真实性,ZSH 集团公司虽有异议,但并未提交证据否定上述证据的真实性,本院予以认定。对于 ZSH 集团公司对部分证据的关联性有异议,本院将结合其他证据予以一并考虑。对于证据 28、31,系 XD 公司单方制作的明细,本院不予采信。

对于 ZSH 集团公司提交的证据 1、2、6,XD 公司对其真实性无异议,本院予以采信,对于证明观点本院将结合本案的其他证据综合考虑。对于 ZSH 集团公司提交的证据 3、4,有关是否追加当事人的问题,将在本院认为部分予以评述。对于证据 5,有关机关收到报案材料至今已 1 年多,目前并没有有关机关就该 6000 万元是否涉嫌刑事犯罪作出认定,本院对该证据的证明内容不予采信。

实践中,有按照提供证据的当事人来分别罗列的,如原告举证、被告举证,被告对原告举证的质证、原告对被告举证的质证,法庭的认证等;有按照采信与否来罗列的。但是都与诉讼法规定的证据种类排序不一致,从通俗易懂的角度,笔者不赞成这部分过于繁复,应按照证据种类的顺序先表述采信的证据及采信理由,后表述不采信的证据及不采信的理由。

示例(摘录):

WH 市中级人民法院(2017)×××民初×××号民事判决书,按照举证顺序、证明力的大小,对证据从"三性"上进行了审查认定。

当事人围绕诉讼请求提交了证据,本院组织各方当事人进行了证据交换及质证。对当事人无异议的证据,本院予以确认并在卷佐证。对有争议的证据,本院认定如下:(1)对作为保证人 SZ××公司、周×、××商贸公司、ZX××公司分别于 2015 年 11 月 11 日、2015 年 11 月 18 日、2016 年 6 月 14 日、2016 年 6 月 16 日所签订的《保证合同(企业)》《保证合同(个人)》,因其未到庭答辩及质证的行为,应视为对该组证据的默认。故,就该部分证据,本院予以确认。虽然 ZX××公司于嗣后到庭并在本院组织的质证过程中,认为其与合作 YT 公司间的保证合同中ZX××公司的印章不真实,但却未提交实质证据证实。且经订立保证合同时担任该公司法定代表人鄢××就保证合同中ZX××公司印章及其签名真实性的确认,本院对ZX××公司的该项质证意见不予采纳。(2) 对HB××公司、鄢××、××物业公司、贾××分别于2015年11月11日所签订的《保证合同(企业)》《保证合同(个人)》,虽××置业公司、竹溪××公司、招行××支行以不是签约方为由不发表质证意见,但经核实该组证据原件,基于契约签署双方主体对该合同真实性的认可,本院予以确认。(3) 对2016年6月30日《对账确认书》、2016年12月18日《贷款提前到期通知书》、2016年9月27日《联系函》及回执、特快专递邮寄凭证及寄件发票、2016年12月19日《委托代理合同》、五份《HB省增值税专用发票》及银行凭证,经核实证据原件,且经出具人就其真实性的认可,在××置业公司、HB××公司、鄢××对《贷款提前到期通知书》《联系函》及回执、特快专递邮寄凭证及寄件发票的真实性不持异议的情形下,本院对该组证据予以采信。(4) 对2015年12月3日《招商银行信贷业务客户付款回单》、银行转账流水单、2015年12月3日《招商银行借款借据》,虽然××物业公司、贾××以其系××置业公司股东为由,认为该组证据中金融机构及××置业公司的印章不真实,从而否认贷款真实发生的质证意见,因形成该证据的双方当事人对其印章真实性的确认,本院对该组证据予以采信。且即便××物业公司、贾××认为××置业公司的印章与其在公安部门备案的印章不一致,从而质疑该组证据的真伪,然因××置业公司于庭审中对其经营期间存在多枚印章之事实的认可,并就其发生涉案金融业务之事实的肯定,基于他人无权否定业经行为人所确认的民商事行为,以及在公司股东对公司未按其章程规定所实施侵害股东权益的行为,应依据《中华人民共和国公司法》相关规定向公司予以维权,而并不实质影响公司对外发生民事行为效力的情形下,本院对其该项质证意见均不予采纳。

六、说理部分

裁判文书的说理部分是裁判的精华,要体现审判工作定分止争的精髓,做到于法有据,情理昭彰,把裁判文书打造成彰显正义、宣传法治、引领公序良俗的优质产品,使审判工作成为培育和践行社会主义核心价值观的重要阵地。

裁判文书说理部分要注意以下几个方面。

第一,辩法,是否要引用法律条文没有在样式中说明,判决书首先要对法律关系法律责任进行定性。

示例(摘录):

HB省高级人民法院(20××)×刑终×××号刑事裁定书,从犯罪构成角度充分论证了被告人的行为性质。

(二)左××的行为构成交通肇事罪而不是以危险方法危害公共安全罪

1. 故意违反交通法规不是行为人对严重危害结果持放任心态的充分条件

交通肇事罪的构成特征为"违反交通法规"+"过失导致严重危害结果"。如果行为人故意违反交通法规,客观上发生严重危害结果时,就可以直接推导出行为人对严重结果持放任心态,那么故意违反行政法规的过失性犯罪就没有了存在空间或者说失去了独立判断其主观方面的意义。因此,对于因交通违法而导致的重大伤亡事故,有必要在行为人的行政违法故意之外,独立地探讨行为人对严重结果所持的主观心态,而不能将行政违法的故意或过失等同于犯罪的故意或过失。

《最高人民法院关于审理交通肇事刑事案件具体应用法律若干问题的解释》第二条规定:"有以下严重违反交通法规的行为之一,交通肇事致1人以上重伤且负事故全部或主要责任的,以交通肇事罪定罪处罚:酒后、吸食毒品后驾驶机动车辆的;无驾驶证驾驶机动车辆的;明知是安全装置不全或者安全机件失灵的机动车车辆而驾驶的；明知是无牌证或者已报废的机动车辆而驾驶的；严重超载驾驶的。"上述解释清楚表明，行为人故意违反交通法规，甚至是比较严重的情形，比如酒后驾驶、吸毒后驾驶等，也不能简单推导出行为人对严重危害结果持犯罪故意。

本案中，原审被告人左××作为机动车驾驶员培训教练，故意隐瞒患有癫痫病的事实，欺骗审核机关，续领驾驶证上路行驶，违反了交通法规，但不能据此认定左××对驾车冲撞他人持犯罪故意。抗诉机关以左××故意违反行政法规来推定其对严重危害结果的发生持放任态度，既缺乏必要的因果联系，又不符合行政违法结果加重犯的构成特征，不能成立。

2. 左××的行政违法未达到大概率引发严重危害结果的程度

行政违法对正常行为的偏离幅度，反映了行为人对严重危害结果的接受或反对程度，是行为人内心状态的外在表现，是判断行为人主观意志因素的重要标准。若行为人行政违法的程度较低，客观行为或相关事态依然可控，发生严重危害结果的概率较小，我们宜认定行为人对严重危害结果的发生持过失心态，其构成相应的过失行政犯罪。若行为人行政违法的程度较高，客观行为或相关事态不可控，发生严重危害结果的概率较高，我们宜认定行为人对严重危害结果的发生持故意心态，其构成以严重危害结果为内容的自然犯罪。举例说明：如果行为人在高速公路上以130公里/小时速度超速行驶，由于技术欠佳而与前车擦碰，造成前后多辆汽车连环相撞，则行为人对危害结果的发生系过失（过于自信的过失），构成交通肇事罪；如果行为人在高速公路上以200公里/小时速度飙车，因为避让不及时导致前后多辆汽车连环相撞，则行为人对危害结果的发生出于故意（间接故意），构成以危险方法危害公共安全罪。

本案中，原审被告人左××在机动车驾驶证审核时，隐瞒癫痫病情，欺骗审核机关，续领机动车驾驶证的行为违反了行政法规，但不属于会大概率地引发严重危害结果的行政违法。《中华人民共和国道路交通安全法》第二十二条第二款规定：

"饮酒、服用国家管制的精神药品或者麻醉药品，或者患有妨碍安全驾驶机动车的疾病，或者过度疲劳影响安全驾驶的，不得驾驶机动车。"《公安部机动车驾驶申领和使用规定》（2010年版）第十二条规定："有下列情形之一的，不得申请机动车驾驶证：（一）有器质性心脏病、癫痫病、美尼尔氏症、眩晕症、癔病、震颤麻痹、精神病、痴呆以及影响肢体活动的神经系统疾病等妨碍安全驾驶疾病的……"第三十九条第二款规定："机动车驾驶人身体条件发生变化……不适合驾驶机动车的，应当在三十日内到机动车驾驶证核发地车辆管理所申请注销。"第三款规定："机动车驾驶人身体条件不适合驾驶机动车的，不得驾驶机动车。"《公安部机动车驾驶证申领和使用规定》（2016年版）第九十五条规定："机动车驾驶人有下列行为之一的，由公安机关交通管理部门处二百元以上五百元以下罚款：……（二）机动车驾驶人身体条件发生变化不适合驾驶机动车，仍驾驶机动车的；……"从上述规范内容看，左××的行为虽然触犯多项关于交通安全的行政法规，但是，其行为与严重危害结果之间的关联性较低。因为，患有癫痫病而申（续）领驾驶证与患有器质性心脏病、眩晕症等病而申（续）领驾驶证属于同一层级的行政违法，其危害程度与酒后驾驶、疲劳驾驶大致相当；另外，左××的癫痫病一般在夜间发作，而且其一直在吃抗癫痫药物。故从概率上讲，左××在驾驶时突发癫痫病的可能性很低，不属于会大概率地引发危害后果的行政违法行为。

3. 左××已经采用了其认为有效的手段来避免危害结果发生

在过于自信的过失犯罪中，行为人主观上对严重危害结果的发生持否定、排斥态度。其客观表现为，行为人一般会采取其认为必需的各种手段或尽力施展其所拥有的各种技能，努力去避免危害结果的发生。在间接故意的场合，行为人主观上对严重危害结果的发生持无所谓的态度，结果发生与否都不违背行为人的意志。其客观表现为，行为人不采取各种避免措施或其根本就不具备避免结果发生的有关技能。

本案中，原审被告人左××在案发之前多次住院治疗，一直在服用抗癫痫药物，没有放弃治疗、放任病情发展，并且，也没有在驾驶时发病的先例。因此，作为普通自然人，其已经采取了其自认为有效的手段去避免危害结果的发生。

4. 无客观证据证实左××放任危害结果的发生

行为人对危害结果持什么主观心态，特别是意志因素上是放任危害结果发生还是反对危害结果发生，有必要通过行为人在危害结果发生后的后续行为来进行判断或确认。在过于自信过失犯罪中，行为人一般在危害结果发生后尽力实施各种挽救性行为，力图阻止结果发生或扩大。在间接故意犯罪中，行为人一般在危害结果发生后，继续实施后续行为，放任危害结果的持续或扩大。

2009年《最高人民法院关于印发醉酒驾车犯罪法律适用问题指导意见及相关典型案件的通知》第一条规定："刑法规定，醉酒的人犯罪，应当负刑事责任。行为人明知酒后驾车违法、醉酒驾车会危害公共安全，却无视法律醉酒驾车，特别是在肇事后继续驾车冲撞，造成重大伤亡，说明行为人主观上对持续发生的危害结果持放任态度，具有危害公共安全的故意。对此类醉酒驾车造成重大伤亡的，应依法以危险方法危害公共安全罪定罪。"该规定表明：酒驾发生事故后立刻停止后续行为的，应推定行为人对危害结果的发生持反对态度，即主观方面为过失；发生事故后继续驾车冲撞，造成重大伤亡的，应推定行为人对危害结果的发生持放任态度，即主观方面为故意。可见，行为人在危害结果发生后采取的后续行为对于确认行为人的意志因素具有标志意义。

本案中，原审被告人左××驾车时突发癫痫病，导致失去控制能力，进而发生交通事故，在危害结果发生后，其既无意识又无能力进行任何后续操控行为，再结合当时的司乘环境（车上人员为其妻子和妻弟），推定行为人对危害结果的发生持反对态度既符合客观实际又符合惯常思维，因此，其行为应定性为交通肇事罪。

第二，析理，是从个案的角度还是从抽象的角度分析，笔者认为应该从个案的角度进行分析，以避免归纳的争议焦点偏离了诉辩指向的核心。

示例（摘录）：

HB 省高级人民法院（20××）×行终×××号行政判决书，从个案的角度即从 HS 区征收办送达时间和送达内容方面着手，分析程序违法给被拆迁人权利的影响，作出撤销判决。

本案的争议焦点为：HS 区政府作出的 2 号《补偿决定书》是否违反法定程序，是否应予撤销。行政机关实施行政行为，都必须采取一定的方式，具有一定的形式，履行一定的手续，遵循一定的步骤和在一定的期限内完成。违反法定程序主要表现为：违反法定步骤、程序颠倒、形式违法、违反法定方式、违反法定期限等。根据《上房补偿》第十九条"对被征收房屋价值的补偿，不得低于房屋征收决定公告之日被征收房屋类似房地产的市场价格。被征收房屋的价值，由具有相应资质的房地产价格评估机构按照房屋征收评估办法评估确定。对评估确定的被征收房屋价值有异议的，可以向房地产价格评估机构申请复核评估。对复核结果有异议的，可以向房地产价格评估专家委员会申请鉴定"，以及《国有土地上房屋征收评估办法》第十六条、第十七条、第二十条、第二十二条的规定，房屋征收部门应当将房屋分户初步评估结果在征收范围内向被征收人公示。公示期满后，房屋征收部门应当向被征收人转交分户评估报告。本案中，虽然 HS 区征收办于 2015 年 6 月 12 日将房屋分户初步评估结果公示，于同年 6 月 24 日将房屋征收价格评估结果公示，但是 HS 区征收办在分户初步评估结果公示期满后未依法及时向××配件厂送达分户评估报告，而是迟至 2016 年 5 月 31 日才向其留置送达，该送达时间已经远远超过公告规定的签约期限，即 2015 年 6 月 24 日起至 9 月 23 日止，同时也导致××配件厂丧失了对分户评估报告存在异议时在 HS 区征收办 6 月 24 日公告规定的期限内行使救济权的机会，故 HS 区政府对《分户评估报告》的送达程序违法。而从《上房补偿》第十七条、第十九条规定的内容可以看出，征收补偿决定中被征收房屋的价值高低是由被征收房屋的分户评估报告所确定，分户评估报告中房屋价值估价结果是直接关系到征收补偿决定是否合法合理的关键依据。因分户评估报告的送达程序违法直接影响了××配件厂的合法权益，对涉案征收补偿决定的效力产生巨大影响。另××配件厂被征收房屋系生产经营性用房，对其中涉及的设备搬迁、安装费用的补偿问题，虽然湖北×××房地产评估咨询有限公司接受 HS 区征收办的委托出具了《资产评估咨询报告》，但 HS 区政府无证据证实其依法向××配件厂送达了该《资产评估咨询报告》，这一行为也致使××配件厂丧失了对报告结果提出异议寻求救济的机会，而对××配件厂的实质权益造成重大影响，故 HS 区政府未送达《资产评估咨询报告》的行为亦属于违反法定程序。综上，HS 区政府作出 2 号《补偿决定书》程序严重违法，依法应予撤销。鉴于涉案房产已被强制拆除，相关案件已在法院审理中，本案不宜再行判令 HS 区政府重作行政行为。

七、主文部分

经过陈述事由和辨法析理，最终得出结论，这是裁判的根本意义所在。通过判项，对当事人的权利义务进行规制，或是对刑事案件被告人判处刑罚，或是对民商事、行政案件当事人的权利义务进行再分配。定性和定量相统一，在表述事实、分析证据、观点论证、法条适用的基础上，给出定性和定量的司法意见。定性务必直接明了，民商事案件要确定原被告之间构成什么民事关系，刑事案件确定公诉机关指控是否成立以及被告人构成何种犯罪，行政案件要明确行政行为是否合法。定量是依照法律规定，对案件作出最后的裁判。

（一）特殊情形

1. 法律有特殊规定的。如对解除婚姻关系的表述，应写为准予或不准予离婚，而不能写为判决离婚。

2. 有给付内容的。给付金额的确认依据和计算方法应在裁判理由中阐述，判项直接表述给付项目和金额。

示例（摘录）：

WH 市 JH 区人民法院（20××）×××民初×××号民事判决书，对本金、利息、罚息等金额的计算方法进行了详细阐述，在判项中予以明确。

本院认为，被告曾××向××发展银行股份有限公司申请办理信用卡并获准持卡使用后，双方之间的信用卡合同关系依法成立，被告曾××应当按照合同的约定全面履行义务。被告曾××持信用卡透支消费及接受原告××银行 WH 分行提供的现金分期业务服务后，未在约定期限内归还欠款本息，属违约行为，应承担相应的违约责任。原告××银行 WH 分行主张被告曾××偿还欠款本金，具有事实和法律依据，本院予以支持。原告××银行 WH 分行主张被告曾××支付利息、滞纳金、违约金及其他费用，合计已超过年利率 24%，本院予以调减，以不超过年利率 24% 为限。其中，因滞纳金实际为 0 元，本院对原告××银行 WH 分行主张滞纳金的诉求不予支持。原告××银行 WH 分行主张截至 2018 年 5 月 21 日的利息 10355.93 元、违约金及其他费用 8495.77 元，依照年利率 24% 调减后，利息、违约金及其他费用合计应为 12844.30 元，故对原告××银行 WH 分行的该项诉讼请求，本院予以部分支持。被告曾××经本院合法传唤，无正当理由拒不到庭，视为放弃诉讼权利，应承担举证不能的法律后果。依照《中华人民共和国合同法》第六十条第一款、第一百零七条、第二百零五条、第二百零六条、第二百零七条、《中华人民共和国民事诉讼法》第六十四条第一款、第一百四十四条规定，判决如下：

一、被告曾××于本判决生效之日起十日内向原告××银行 WH 分行偿还截至 2018 年 5 月 21 日的欠款本金 54271.70 元；

二、被告曾××于本判决生效之日起十日内向原告××银行 WH 分行支付截至 2018 年 5 月 21 日的欠款利息、违约金及其他费用共计12844.30元；并支付此后至清偿之日止的利息、违约金及其他费用（具体金额以实际欠款本金为基数，按《上海××发展银行信用卡（个人卡）章程》、《上海××发展银行信用卡（个人卡）领用合约》约定的利率标准和限额计算，但合计不得超过年利率24%）；

三、驳回原告××银行WH分行的其他诉讼请求。

如果未按本判决指定的期间履行给付金钱义务，应当依照《中华人民共和国民事诉讼法》第二百五十三条规定，加倍支付迟延履行期间的债务利息。

案件受理费1628元，减半收取814元，由原告××银行WH分行负担75元（已付），由被告曾××负担739元（此款原告××银行WH分行已预付法院，被告曾××应随同上述款项一并支付给原告××银行WH分行）。

如不服本判决，可以在判决书送达之日起十五日内，向本院递交上诉状，并按照对方当事人或者代表人的人数提出副本，上诉于HB省WH市中级人民法院。

（二）法条引用

引用条文应规范，不出现错引、漏引等问题，对不公开开庭、缺席判决，应引用程序法条文。引用司法解释作为判决依据的，应当先引用法律规定，再引用对此法律规定的司法解释。

示例（摘录）：

HB省高级人民法院（20××）×刑终×××号刑事判决书尾部，引用法律条文规范明晰。

依照《中华人民共和国刑法》第二百三十四条、第二百九十二条第一款第（四）项、第二款，第二十五条第一款、第二十六条第一款、第四款、第二十七条、第六十五条第一款、第六十七条第一款，《最高人民法院关于处理自首和立功具体应用法律若干问题的解释》第一条和《最高人民法院关于适用〈中华人民共和国刑事诉讼法〉的解释》第一百五十七条以及《中华人民共和国刑事诉讼法》第二百二十五条第一款第（一）项、第（二）项之规定，判决如下：

一、驳回上诉人万×的上诉，维持HB省SZ市中级人民法院（20××）×××中刑初字第×××号刑事附带民事判决中的第二项、第三项、第四项。即：被告人杨×犯聚众斗殴罪，判处有期徒刑三年；被告人万×犯聚众斗殴罪，判处有期徒刑三年；被告人郭××犯聚众斗殴罪，判处有期徒刑二年；被告人李×犯聚众斗殴罪，判处有期徒刑二年；被告人吕×犯聚众斗殴罪，判处有期徒刑一年六个月；被告人钟×犯聚众斗殴罪，判处有期徒刑一年六个月。

二、撤销HB省SZ市中级人民法院（2015）×××中刑初字第×××号刑事附带民事判决中的第一项。

三、上诉人王×犯故意伤害罪，判处有期徒刑十五年，剥夺政治权利五年。

（刑期从判决执行之日起计算。判决执行以前先行羁押的，羁押一日折抵刑期一日，即自2015年1月1日起至2029年12月31日止。）

本判决为终审判决。

（三）特别条款

1. 人身保护条款

2019年3月12日发布的《最高人民法院工作报告》中披露："2018年，人民法院共审理审结婚姻家庭案件181.4万件，发出人身保护令1589份。"依照《反家庭暴力法》第二十九条规定，人身安全保护令可以包括下列措施：(1) 禁止被申请人实施家庭暴力；(2) 禁止被申请人骚扰、跟踪、接触申请人及其相关近亲属；(3) 责令被申请人迁出申请人住所；(4) 保护申请人人身安全的其他措施。

示例（摘录）：

SC 省 AY 县人民法院（2017）×××民保令×号民事裁定书

申请人谢某，女。

被申请人王某，男。

本院经审查认为，申请人面临家庭暴力的现实危险，且申请人提供了 AY 县妇女联合会群众来访登记簿等材料，对上述事实予以佐证。本院认为申请人的申请符合人身安全保护令的法定条件。依照《中华人民共和国反家庭暴力法》第二十六条、第二十七条、第二十八条、第二十九条规定，裁定如下：

一、禁止被申请人王某对申请人谢某实施殴打、威胁等形式的家庭暴力；

二、禁止被申请人王某骚扰、跟踪申请人谢某。

本裁定自作出之日起三个月内有效，人身安全保护令失效前，人民法院可以根据申请人的申请撤销、变更或者延长。被申请人对本裁定不服的，可以自裁定生效之日起五日内向本院申请复议一次。复议期间不停止裁定的执行。

如被申请人王某违反上述禁令，本院将根据《中华人民共和国反家庭暴力法》第三十四条规定，视情节轻重，处以罚款、拘留；构成犯罪的，依法追究刑事责任。

人身保护令案件是作为独立案由的案件存在的，与大多数民商事案件的裁判文书是规制当事人应该主动做出某种行为不同，人身保护令案件的裁判文书是禁止行为人实施某种行为。要注意不能遗漏特别法条款的引用，判项要具体和具有可执行性。既然是禁止行为人实施某种行为，裁判内容还应包括具有执行性的拒不履行的法律后果，类似于延迟履行承担的加重责任，一旦条件成就则可以追究法律责任。

2. **禁止缓刑、减刑和假释条款**

《刑法》对缓刑、减刑和假释作了限制性规定。其第五十条第二款规定，对被判处死刑缓期执行的累犯以及因故意杀人、强奸、抢劫、绑架、放火、爆炸、投放危险物质或者有组织的暴力性犯罪被判处死刑缓期执行的犯罪分子，人民法院根据犯罪情节等情况可以同时决定对其限制减刑。第八十一条第二款规定，对累犯以及因故意杀人、强奸、抢劫、绑架、放火、爆炸、投放危险物质或者有组织的暴力性犯罪被判处十年以上有期徒刑、无期徒刑的犯罪分子，不得假释。第七十四条规定，对于累犯和犯罪集团的首要分子，不适用缓刑。《最高人民法院关于死刑缓期执行限制减刑案件审理程序若干问题的规定》第六条第二款规定，一案中两名以上被告人被判处死刑，最高人民法院复核后，对其中部分被告人改判死刑缓期执行的，如果符合《刑法》第五十条第二款的规定，可以同时决定对其限制减刑。

示例（摘录）：
中华人民共和国最高人民法院刑事判决书
依照《中华人民共和国刑法》第二百六十三条第（五）项、第二十五条第一款、第四十八条第一款、第五十七条第一款、第六十八条、第六十九条、第五十条第二款和《中华人民共和国刑事诉讼法》第二百三十五条、第二百三十九条、《最高人民法院关于适用〈中华人民共和国刑事诉讼法〉的解释》第三百五十二条、《最高人民法院关于死刑缓期执行限制减刑案件审理程序若干问题的规定》第六条第二款的规定，判决如下：
一、（略）。
二、（略）。
三、被告人徐某犯抢劫罪，判处死刑，缓期二年执行，剥夺政治权利终身，并处没收个人全部财产；犯盗窃罪，判处有期徒刑一年六个月，并处罚金人民币五千元，决定执行死刑，缓期二年执行，剥夺政治权利终身，并处没收个人全部财产。
四、对被告人徐某限制减刑。

具体个案如有涉及这些法律条款的适用，在判项中要载明具体意见并单独列项。需要注意的是，《刑法》规定的限制减刑并不是刑罚的种类，而是刑罚执行标准的提高性限定。

3. 从业禁止条款
在我国现有法律体系中，行政性管理法如《治安管理处罚法》《证券法》

等，以及职业管理法规如《教师法》《法官法》《检察官法》等都有职业禁止性条款，本书要阐释的只关涉需要司法裁判的相关条款，目前只有《刑法》中有此类规定。《刑法》第三十七条之一第一款规定，因利用职业便利实施犯罪，或者实施违背职业要求的特定义务的犯罪被判处刑罚的，人民法院可以根据犯罪情况和预防再犯罪的需要，禁止其自刑罚执行完毕之日或者假释之日起从事相关职业，期限为三年至五年。作为《刑法》的一项规定，从业禁止针对所有的职务犯罪。从业禁止规定了行为人违反从业禁止所要承担的法律责任，在一定程度上可能比刑罚给被告人所带来的制裁更严厉，在一定期限内剥夺了行为人继续从事某种职业的资格，虽然不是刑罚种类，但是实践中能够较好地弥补刑罚在维护公共法益方面的不足。从业禁止和限制减刑一样，也不属于刑罚的种类。

对该条款运用比较多的有环境污染犯罪案件、性侵未成年人犯罪案件、涉金融犯罪案件等。如偷排电镀废水获判从业禁止三年一案，市民戴某辉生产加工铁件，将电镀废水直接排入周边环境。法院判决戴某辉犯污染环境罪，判处有期徒刑十个月，并处罚金十五万元，禁止被告人戴某辉自刑罚执行完毕之日或者假释之日起从事电镀生产行业，期限三年。2018年11月，南通某法院依法判处一名猥亵多名小学生的被告人六年有期徒刑，同时禁止其自刑罚执行完毕之日起五年内从事对未成年人负有教育、训练、看护等特殊职责的职业。

上海某法院2019年对一起污染环境刑事案件作出判决，以污染环境罪对四名被告人分别判处十个月至三年不等的有期徒刑并适用缓刑，同时依照相关法律规定，宣告禁止四名被告人在缓刑考验期限内从事与排污或者处置危险废物有关的经营活动。

示例（摘录）：

FJ省PT市HJ区法院刑事判决书

依照《中华人民共和国刑法》第三百三十八条、第四十五条、第四十七条、第五十二条、第五十三条第一款、第六十七条第一款以及《最高人民法院、最高人民检察院关于办理环境污染刑事案件适用法律若干问题的解释》第一条第（三）项、第十条第（三）项，《中华人民共和国刑法修正案（九）》第一条之规定判决如下：

一、（略）。

二、禁止被告人戴某辉自刑罚执行完毕之日或者假释之日起从事电镀生产行业，期限三年。

适用从业禁止条款的案件，必须引用相关法条，作为单独判项。

（四）标点符号使用

《民事诉讼文书样式》规定，"单项判决主文和末项判决主文句末用句号，其余判决主文句末用分号"。判项超过两项的，用"一、二、三、……"作为序号，这没有问题，但有多项判决主文时，每一项表述完句尾用分号，似不符合《标点符号用法》标准："用于句子末尾，表示陈述语气。"一项内如果有分项，比如刑事判决书数罪并罚，一罪一分号，句尾使用句号。还比如，民事判决书，判决一名被告赔偿多项，也可以使用分号分别表述。但是，在以序号分列的判项之间要求使用分号的规定值得商榷，因为既然以"一、二、三、……"作为序号，在标注下一个序号之前，本序号的判决内容是已经表述完毕的。在需要进入执行程序时，当事人是可以根据不同判项的履行情况来申请强制执行的。

示例（摘录）：

WH 市 JA 区人民法院（20××）×××刑初×××号刑事判决书，因罪名独立，判项中均使用句号。

依照《中华人民共和国刑法》第二百七十七条第一款、第五款、第二十五条第一款、第六十四条，《最高人民法院关于适用〈中华人民共和国刑事诉讼法〉的解释》第二百四十一条第一款第二项之规定，判决如下：

一、被告人黄某1犯妨害公务罪，判处有期徒刑二年。

（刑期从判决执行之日起计算。判决执行以前先行羁押的，羁押一日折抵刑期一日。即自2017年6月21日起至2019年6月20日止。）

二、被告人黄某2犯妨害公务罪，判处有期徒刑二年一个月。

（刑期从判决执行之日起计算。判决执行以前先行羁押的，羁押一日折抵刑期一日。即自 2017 年 6 月 21 日起至 2019 年 7 月 20 日止。）

三、被告人黄某 3 犯妨害公务罪，判处有期徒刑二年一个月。

（刑期从判决执行之日起计算。判决执行以前先行羁押的，羁押一日折抵刑期一日。即自 2017 年 6 月 21 日起至 2019 年 7 月 20 日止。）

四、被告人心某犯妨害公务罪，判处有期徒刑一年八个月。

（刑期从判决执行之日起计算。判决执行以前先行羁押的，羁押一日折抵刑期一日。即自 2017 年 6 月 21 日起至 2019 年 2 月 20 日止。）

五、扣押在案的犯罪工具液化石油气钢瓶，予以没收。

示例（摘录）：

WH 市中级人民法院（20××）×××民终×××号民事判决书，判项中使用分号，结尾使用句号。

依照《中华人民共和国担保法》第四条、第十八条、第三十一条、《最高人民法院关于适用〈中华人民共和国担保法〉若干问题的解释》第二条、《中华人民共和国合同法》第一百零七条、第一百一十四条及《中华人民共和国民事诉讼法》第一百四十四条的规定，判决：

一、王×于判决生效之日起三日内向 GD 公司偿还代偿款 34140.80 元；

二、王×于判决生效之日起三日内向 GD 公司支付违约金 10242.24 元；

三、王×于判决生效之日起三日内向 GD 公司支付律师费 5000 元；

四、王××对上述债务承担连带清偿责任；

五、驳回××大公司的其他诉讼请求。

《刑事诉讼文书样式》对参加庭审的人员表述为："×××人民检察院检察员×××、被告人×××、辩护人×××等到庭参加诉讼"，具体运用中，不同身份的诉讼参与人之间使用顿号不妥，应该在检察员后使用逗号，多名被告人的，被告人之间使用顿号。

> **示例（摘录）：**
> WH 市 JA 区人民法院（20××）×××刑初×××号刑事判决书，阐述了诉讼参加人出庭情况。
> WH 市 JA 区人民检察院以××检×诉刑诉（20××）×××号起诉书指控被告人黄某1、黄某2、黄某3、心某犯爆炸罪，于 2017 年 10 月 23 日向本院提起公诉。本院依法组成合议庭，公开开庭审理了本案。WH 市 JA 区人民检察院指派检察员张×出庭支持公诉，有专门知识人员刘×、喻×，被告人黄×1及其辩护人罗××、被告人黄×2及其辩护人王××、被告人黄×3、被告人心×均到庭参加了诉讼。审理过程中，WH 市 JA 区人民检察院以补充侦查为由于 2018 年 1 月 17 日向本院提出延期审理建议，后于 2018 年 1 月 30 日提请恢复审理。本案现已审理终结。

八、尾部

裁判文书的尾部，主要有上诉权利告知、裁判时间、审判组织署名等内容，同样不能出现缺漏。上诉是当事人的诉讼权利，在文书中明示告知，也是为了保障当事人的诉讼参与权和知情权；裁判时间关系到上诉时间的起止计算；独任法官或合议庭署名，也是体现"让审理者裁判、由裁判者负责"。

需要注意的是，不应添加上诉费交纳内容。有的裁判文书把交上诉费的账号也写在尾部，不符合样式要求，也不严肃。《民事诉讼法》第一百五十五条有明确规定："判决书应当写明判决结果和作出该判决的理由。判决书内容包括：（一）案由、诉讼请求、争议的事实和理由；（二）判决认定的事实和理由、适用的法律和理由；（三）判决结果和诉讼费用的负担；（四）上诉期间和上诉的法院。判决书由审判人员、书记员署名，加盖人民法院印章。"上诉费的交纳账号不属于判决书的内容，如下所述判决书中，可能考虑到国外的当事人，将交纳账号在判决书中列出。

示例（摘录）：

WH市中级人民法院（20××）×××民初×××号民事判决书尾部：

如不服本判决，原告××××株式会社可于判决书送达之日起三十日内；原告×××（中国）有限公司、被告××打印机耗材制造厂及被告武汉×××科技发展有限公司可于判决书送达之日起十五日内，向本院递交上诉状，并按对方当事人的人数提出副本，上诉于HB省高级人民法院。在提交上诉状时，上诉人应按照《诉讼费用交纳办法》的规定预交上诉案件受理费，款汇HB省高级人民法院，开户行：中国农业银行××支行，户名：HB省财政厅非税收入财政专户，账号：×××。上诉人在上诉期届满后七日内仍未预交诉讼费用的，按自动撤回上诉处理。

实践中，裁判文书上书记员的署名也一直有争议，各地法院做法也不一。书记员承担案件的记录、整卷等辅助工作，多年来因法院沿袭了行政管理方式，书记员需要法院内部以文件的形式明确。现在各级法院案多人少矛盾突出，特别是法官员额制改革以来，司法辅助人员严重不足，依据人员分类管理的顶层设计，承担记录、整卷工作的辅助人员将过渡到雇员制方式，而雇员制书记员没有明确身份，现阶段只能署名"速录员"，所以就出现了裁判文书后署了一长列速录员（凡是参与过案件的速录员均列入）的奇特现象。"速录员"并不是法律称谓，雇员制也应该明确书记员的身份，亦没有必要将参与过案件辅助工作的都列在裁判文书上。

裁判文书尾部载明的时间，到底是法官签发时间还是送达时间关系到当事人的上诉权，当庭宣判的应该写宣判时间，开庭后定期宣判的应该写签收时间，而不能落裁判文书签批或者制作的时间。

九、裁判文书的文体风格

2016 年 6 月 13 日实施的《最高人民法院关于加强和规范裁判文书释法说理的指导意见》第十五条规定，裁判文书行文应当规范、准确、清楚、朴实、庄重、凝练。在文风上强调朴实，举重以明轻，没有过多的感情色彩、宗教色彩是应有之义。

十、裁判文书上网

作为司法改革的重要项目之一的裁判文书上网，最高人民法院分别在 2010 年、2013 年、2016 年发布过三次《关于人民法院在互联网公布裁判文书的规定》，法释〔2016〕19 号文完善了上网文书隐名的规定。

> 第八条　人民法院在互联网公布裁判文书时，应当对下列人员的姓名进行隐名处理。
> （一）婚姻家庭、继承纠纷案件中的当事人及其法定代理人；
> （二）刑事案件被害人及其法定代理人、附带民事诉讼原告人及其法定代理人、证人、鉴定人；
> （三）未成年人及其法定代表人。
> 第九条　根据本规定第八条进行隐名处理时，应当按以下情形处理：
> （一）保留姓氏，名字以"某"替代；
> （二）对少数民族姓名，保留第一个字，其余内容以"某"替代；
> （三）对外国人、无国籍人姓名中的中文译文，保留第一个字；
> 其余内容以"某"替代；对于外国人、无国籍人的英文姓名，保留第一个英文字母，删除其他内容。
> 对不同姓名隐名处理后发生重复的，通过在姓名后增加阿

拉伯数字进行区分。

第十条 人民法院在互联网公布裁判文书时，应当删除下列信息：

（一）自然人的家庭住址、通讯方式、身份证号码、健康状况、
车牌号码、动产或者不动产权属证书编号等个人信息；

（二）法人以及其他组织的银行账号、车牌号码、动产或者不动产权属编号等信息；

（三）涉及商业秘密的信息；

（四）家事、人格权益等纠纷中涉及个人隐私的信息；

（五）涉及技术侦查措施的信息；

（六）人民法院认为不宜公开的其他信息。

按照本条第一款删除信息影响对裁判文书正确理解的，用符号"×"作部分替代。

向社会公众公开法律文书，畅通了解司法程序及实体判决的渠道，对推进司法公开、主动接受社会监督具有重大意义。

第三章　裁判文书语言问题辨析

一份合格的裁判文书，应该是查明事实的叙述简洁明了，证据的分析全面客观，说理的逻辑把握严谨周延，程序实体法律适用准确，而这些内容的展现又都是基于文字的表达。从文法的角度讲，不外乎字、词、句、段、篇、章几个要素。如果我们只注重裁判文书的判决主文是否于法有据、是否符合文法，而忽视整篇裁判文书的语法文法规范，必然使文书的质量打折扣。

关于篇、章，因涉及裁判文书的统一样式，本章仅以平时收集到裁判文书中常见字、词、句、段等语法问题为示例作辨析。因为搜集范围所限，必定是挂一漏万，本意是通过对一些示例的分析为实务研究和技能培训做个参考，也期待更多的专家同行能够有更加深入的研究，来共同推动裁判文书多出精品。

裁判文书中的语法问题，有基本的语法知识性错误，也有的是长期沿袭的习惯用法但不符合语法规范。一些固定格式性的表述方式，在法官中广为运用甚至奉为法宝，但确实存在语法错误。面对这样的问题，需要我们跳出窠臼去探究，裁判文书也是一篇"大文章"，应避免语法文法错误。

第一节　经典裁判文书

纵观上下五千年，从县令到帝王不乏至今仍令人津津乐道的经典判词。清代樊增祥《批章忠孝呈词》载："左臂铁尖伤一点，不过米大也，值得打官司乎？尔真不是东西。"《批陶致邦呈词》载："胡说八道，尔之妻女不听尔言，反要本县唤案开导。若人人效尤，本县每日不胜其烦矣。不准。"《批抱告王升秉词》载："尔主在店失物，即请追店主；若在衙署失物，必请追东家矣！语云捉贼见赃。究竟你的师爷曾否看见店家偷窃否？著明白禀复，此秉不准。"

一、古代判词

最著名的还是郑板桥的七律诗："一半葫芦一半瓢，合来一处好成桃。从今入定风波寂，此后敲门月影遥。鸟性悦时空即色，莲花落处静偏娇。是谁勾却风流案，记取当年郑板桥。"

上述判词如还有戏谑味道，那《清朝名吏判牍选 张船山判牍》就是一例教科书式的判词，对今天的法官仍然不乏教益。该判词写道：

> 陶文凤者，涎弟妇丁氏美貌，屡调戏之未得。间一日，其弟文麟因事赴亲串家，夜不能返，文凤以时不可失，机不可逸，一手执刀，一手持银锭两只，从窗中跳入丁氏房中，要求非礼。丁氏初不允，继见执刀在手，因佯许也。双双解衣，丁氏并先登榻以诱之。文凤喜不自禁，以刀置床下，而亦登榻也。不料丁氏眼快手捷，见彼置刀登榻即疾趋床下，拔刀而起。文凤猝不意，竟被斩死。次日鸣于官，县不能决，呈控至府。

张船山悉心研审后，写了如下判词：

> 审得陶丁氏戮死陶文凤一案，确系因抗拒强奸，情急自救，遂致出此。又验得陶文凤赤身露体，死于丁氏床上，衣服乱堆床侧，袜未脱，双鞋又并不齐整，搁在床前脚踏板上。身中三刃：一刃在左肩部，一刃在右臂上，一刃在胸，委系伤重毙命。本县细加检验，左肩上一刃最为猛烈，当系丁氏情急自卫时，第一刃砍下者，故刀痕深而斜。右臂一刃，当系陶文凤初刃后，思夺刀还砍，不料刀未夺下，又被一刃，故刀痕斜而浅。胸部一刃，想系文凤臂上被刃后，无力撑持，即行倒下，丁氏恐彼复起，索性一不做二不休，再猛力在胸部横戳一下，故刀痕深而正。又相验凶器，为一劈柴作刀，正与刀痕相符。而此作刀，为死者文凤之物。床前台上，又有银锭两只。

> 各方推勘，委系陶文凤乘其弟文麟外出时，思奸占其媳丁

氏，又恐丁氏不从，故一手握银锭两只，以为利诱；一手持凶刀一把，以为威胁。其持刀入房之时，志在奸不在杀也。丁氏见持凶器，知难幸免，因设计以诱之。待其刀已离手，安然登榻，遂出其不意，急忙下床，夺刀即砍。此证诸死者伤情及生者供词，均不谬者也。

按《律·因奸杀死门》载：妇女遭强暴杀死人者，仗五十，准听钱赎。如凶器为男子者免仗。本案凶器，既为死者陶文凤持之入内，为助成强奸之用，则丁氏于此千钧一发之际，夺刀将文凤杀死，正合《律》文所载，应免予仗责。且也强暴横来，智全贞操，夺刀还杀，勇气加人。不为利诱，不为威胁，苟非毅力坚强，何能出此！方敬之不暇，何有于仗！此则又敢布诸彤管载在方册者也。此判。

该判词所体现的重证据的法治理念、逻辑推理的严密性、对社会正义的推崇，都极具学习、借鉴的意义。

二、革命法庭

1927年，位于湖北省红安县的七里坪诞生了中国最早的苏维埃政府司法机构——七里坪革命法庭。七里坪革命法庭的工作人员全部是共产党员，内设审判股、裁判厅、执行大队，机构健全、程序规范、执法公正，不仅审理刑事案件，还审理民事案件，是中国共产党首次独立领导革命法庭的有效尝试，在人民司法事业发展史上具有重要的奠基性意义。2018年，最高人民法院作出决定，将红安县七里坪革命法庭旧址命名为全国法院革命传统教育基地。

七里坪革命法庭经历了轰轰烈烈的土地革命运动，体现了早期的共产党用法律手段为贫苦农民伸张正义的勇气和决心，是当之无愧的中国革命第一法庭。

第一次国共合作期间，共产党领导下的农民运动迅猛发展，到1927年5月，农协会员达到5.6万余人，黄安县（红安县旧称）全部县区都建立了农协。极端仇视而又害怕工农的土豪劣绅纷纷勾结军阀势力，对农协积极分子和主要成员进行暗杀。随着《湖北省惩治土豪劣绅暂行条例》和《湖北省审判土豪劣绅委员会暂行条例》的制定颁布，黄安县审判土豪劣绅委员会随之成立。1927年4月，七里坪农民协会按照董必武同志的指示，成立七里坪革命法庭，首任主席张南一。张南一上任后的第一个案子就是审判他的亲舅舅，不徇私情，判决公平公正，得到了人民群众的拥护。

据记载，当时七里坪革命法庭管辖范围包括县城以北几个区，抓捕任务由农民协会自卫队和工人纠察队完成，革命法庭依照《湖北省惩治土豪劣绅暂行条例》公开审判。对于罪大恶极需要处决的土豪劣绅，报县审判土豪劣绅委员会核准后执行。革命法庭是当时共产党唯一一个在鄂豫皖集镇能够公开从事审判活动的场所，执法办案有鲜明的无产阶级、劳苦大众色彩，本质上区别于其他各地成立的和官僚地主、土豪劣绅有千丝万缕联系的革命法庭，是中国共产党首次独立领导革命法庭的有效尝试。

在革命法庭陈列馆里有一张由时任法庭庭长闵丹桂于1932年7月签发的处决反革命罪犯的"黄安县苏维埃政府革命法庭布告"。据考证，一致认为该布告是现存我党历史上最早的法律文书。

1937年7月12日，在陕甘宁边区政府成立的基础上，成立了陕甘宁边区高等法院，谢觉哉、董必武、雷经天、李木庵、王子宜、马锡五等历任院长。高等法院在边区政府的领导和边区参议会的监督下，继承和发扬中央苏区法制建设的优良传统，加强了立法工作，有比较健全的法律体系，建立了一整套系统而全新的适应战时需要的公平为民的人民司法制度。

在刑事审判工作中，坚持法律面前人人平等的原则，"王子犯法，与民同罪"，审理了影响深远的"革命功臣黄克功枪杀刘茜案"，对于边区政府推行民主政治起到了巨大的推动和促进作用。同时，也为政法工作坚持党的领导这一基本理念的形成奠定了良好的基础。

在民事审判工作中，认真贯彻党的群众路线政策，坚持司法为民、巡回办案、注重调解的原则，尤其是推行和总结出著名的"马锡五审判方式"，如"乌鸦告状""刘巧儿告状""雷经天巧断烟锅案"等典型案例，一直影响至今。

三、当代典型

2018年9月,"昆山反杀"案成为全国重大法治事件,轰动一时,引起公众广泛讨论的同时,以此为发端,在法律学界和实务界引发一场非常有意义的大思考大辩论。难能可贵的是,法律之门无论里外,主流观点高度契合、空前理性,以此推动相关司法部门及时发声,对过往的过于谨慎进行纠偏,因而得到最大公约数的点赞。不能不说,在中国法治进步的道路上,这是一个极其有分量的事件,理当载入史册。通过这一事件,最直观地呈现了法律规范和法律职业共同体维护法律核心价值,引领法治建设进程、化风成俗的正向法律伦理,也极大地彰显了法律规范和法律职业共同体尊重最广大群众的朴素情感和普遍正义的精神。由于舆论一边倒的支持,公安机关在侦查环节就以正当防卫撤销了刑事立案。否则,以裁判文书形式进行的辨法析理,催生一篇教科书式说理正当防卫的法院判决也未可知。

2018年的岁尾,武汉市中级人民法院的一份二审刑事案件改判文书,补上了关于正当防卫法律认定的完美句号。

二审法院官方网站登载实录如下:

> 事发当日下午1时许,被告人杨某伟、杨某平兄弟二人在自家门前聊天。杨某平摸了经过身边的一条狼狗,遭到该狗的主人彭某的指责。二人与彭某发生口角,彭某扬言要找人报复,杨某伟即回应"那你来打啊"。彭某离开后,杨某伟返回住所将一把单刃尖刀、一把折叠刀藏于身上。约10分钟后,彭某返回,邀约的黄某等三人手持洋镐把,跟在身后10余米。彭某手指坐在自家门口的杨某平,杨某平未予理睬。彭某接着走向杨某伟家门口,用拳头击打杨某伟面部一拳,杨某伟即持单刃尖刀刺向彭某的胸、腹部。黄某等人见状持洋镐把冲过去对杨某伟进行围殴,随后,彭某也夺过洋镐把对杨某伟进行殴打。这时,杨某伟头部流血倒地,洋镐把被打断,彭某也因失去平衡倒地。
>
> 杨某平见杨某伟被打倒在地,持刀冲向刚从地上站起来的

彭某，朝其左胸锁骨处捅刺一刀，杨某平捅刺第二刀时被彭某用左臂抵挡。彭某受伤逃离，杨某平持刀追撵并将刀扔向彭某未击中，该刀掉落在地。黄某等人持洋镐把追打杨某平，杨某平捡起该刀边退边还击，杨某伟亦持随身携带的一把折叠刀参与还击。

此后，黄某等人逃离现场。彭某因失血过多于当日下午4时左右不治身亡。

终审法院认为：被害人与杨某伟兄弟二人并不相识，突发口角，彭某扬言要找人报复时，杨某伟回应"那你来打啊"，该回应不能认定杨某伟系与彭某相约打斗。从主观目的和客观行为看，没有证据证明杨某伟兄弟二人具有合谋伤害彭某的主观故意。杨某伟在彭某出言挑衅，并扬言报复后，准备刀具是出于防卫目的。彭某带人持械返回现场，杨某伟人身安全面临现实威胁。彭某冲至杨某伟家门口首先拳击其面部，杨某伟才持刀刺向彭某胸腹部，该行为是为了制止正在进行的不法侵害的防卫行为。

本案中防卫是否过当，关系到被告人罪与非罪、罪轻与罪重的刑罚考量。鉴于彭某空手击打杨某伟面部，杨某伟此时并非面临严重的不法侵害，却持刀捅刺彭某胸、腹部等要害部位，彭某要害部位多处致命刀伤系杨某伟所致，是其死亡的主要原因，故杨某伟的防卫行为明显超过必要限度造成重大损害，属于防卫过当，构成故意伤害罪。

而当彭某返回现场用手指向另一名被告人杨某平，面对挑衅，杨某平未予理会，彭某与杨某伟发生打斗时，杨某平仍未参与，说明杨某平主观上没有伤害彭某的故意。彭某等四人持洋镐把围殴杨某伟致其头部流血，打倒在地，双方力量明显悬殊，此时杨某平持刀刺向彭某，是为了制止杨某伟正在遭受的严重不法侵害，综合全案认定杨某平系正当防卫，依法宣告其无罪。

舆论评价认为，正当防卫是法律赋予公民的一项权利。在鼓励正当防卫的正确价值取向，依法适用正当防卫制度的同时，需要考虑尊重社会公众的朴素情感和普遍正义观念，可见该案的裁判文书较好地依据事实有针对性地进行了法律释明。

四、深化改革

《最高人民法院关于加强规范裁判文书释法说理的指导意见》（以下简称《指导意见》）颁行已两年（2018年6月正式颁布），相信对一线审判人员有很大的帮助。《指导意见》第二条将"文理"作为裁判文书的"四理"要求并列提出：裁判文书释法说理要讲究文理，语言规范，表达准确，逻辑清晰，合理运用说理技巧，增强说理效果。《指导意见》第十五条还明确要求：裁判文书行文应当规范、准确、清楚、朴实、庄重、凝练，一般不得使用方言、俚语、土语、生僻词语、古旧词语、外语；特殊情形必须使用的，应当注明实际含义。裁判文书释法说理应当避免使用主观臆断的表达方式、不恰当的修辞方法和学术化的写作风格，不得使用贬损人格尊严、具有强烈感情色彩、明显有违常识常理常情的用语，不能未经分析论证而直接使用"没有事实及法律依据，本院不予支持"之类的表述作为结论性论断。

李少平同志在《新时代裁判文书释法说理改革的功能定位及重点聚焦》一文中谈到，执行《指导意见》要"平衡好裁判文书释法说理的'双重属性'。作为国家公文的裁判文书，具有法律与写作的双重属性，'法律属性'内在的要求是规范性，而'写作属性'少不了灵活性。"

裁判文书作为人民法院的司法产品，规范产品的质量标准至关重要。应该说，《指导意见》的出台正逢其时，厘清了很多困惑，指明了裁判文书释法说理的方向，与过去类似文件比较，在体现原则性的同时，大大提升了实操性，特别是对文字文法、逻辑修辞（不同于表述裁判理由的法律逻辑）方面作出了规范性要求，表明顶层设计者关注到语言在裁判文书中的重要性、了解当前裁判文书语言方面存在的"不愿说理""不善说理""不敢说理"和"说不好理"等方面的问题，有利于实际工作中有针对性地解决裁判文书的语言问题。正如最高人民法院司改办就《指导意见》答记者问中表述：这项改革措施出台凝聚了诸多审判专家、法学专家的经验和心血，同时，《指导意见》也为裁判文书语言问题研究提供了坐标。

《指导意见》是高度概括性的规则，在实际运用中，裁判文书制作能力的培训养成，仍然要立足以语法包括文法、逻辑、修辞为基础，以司法判断为核心，文风通俗朴实为外在形式，促成全方位的文字驾驭能力的提升。

第二节　裁判文书用"字"的要求和常见问题辨析

"字"，是构成所有文章的基本文字单位，裁判文书亦然。裁判文书的用"字"要求准确、精当，并符合汉语的用语习惯。与拼音文字相比，汉字具有表形、表意兼表声的独特性，一字多音多意、同音不同意等现象繁多，往往一字之差意思相反。过去裁判文书中出现错字别字等笔误的问题很常见，随着法院信息化建设的进步，我们已经实现了计算机办公，键盘代替了书写工具，错字别字的发生率大大降低，但有些习惯用字看似无误，细究却存在语法问题。在此需要说明的是，汉语中存在大量的单音节词，本书将其放在论裁判文书"字"的语法问题部分来阐述。

一、"其"字的用法

"其"，实为单音节词，词性为代词。裁判文书的文本特性使得在文书表达中要频繁用到转述这一行文格式，如当事人的诉称、答辩，证人的证词，以及裁判文书查明事实部分和说理部分等，为避免啰唆和烦琐，多用"其"来代替主动语态的主语者和被动语态的接受者。例如：被告人孙××对公诉机关指控其非法持有毒品的事实予以供认。简洁明了，不会产生歧义。但是，实际运用中也存在一些语法问题。

（一）指代不明

因为表述、转述的复杂逻辑关系，文意中"其"的指代已发生转移，由主动者变成被动者，或在主动者和被动者之间来回穿梭，造成语义不明甚至歧义。

例一：辩护人认为，被告人孙××归案后认罪态度较好，且系初犯，请求对其从轻处罚。

对例子的解说应该与例子本身分开,"其"是指代辩护人还是被告人,容易误解。应改为"辩护人认为,被告人孙××归案后认罪态度较好,且系初犯,请求对被告人孙××从轻处罚",或"其辩护人认为,被告人孙××归案后认罪态度较好,且系初犯,请求对其从轻处罚"。

例二:被害人证言证明,其于 2010 年 1 月 17 日晚,被叫"刚刚"的男子威胁,"刚刚"称有人要找其麻烦,如拿出几千元茶水钱就帮其摆平,同时记下其手机号。

句中多处用到"其",基本能理解"其"指代主动语态的说话者,但"刚刚称有人要找其麻烦,"和"拿出几千元茶水钱就帮其摆平"两句中,"其"是"刚刚"还是被害人,指代不明,应改为:2010 年 1 月 17 日晚,其受到"刚刚"的威胁,"刚刚"称如其拿出几千元茶水钱就愿出面帮其摆平麻烦,"刚刚"还记下其手机号。

例三:张某打电话约其帮忙开车去武汉市,并答应借人民币 6000 元。

答应出借还是借入、借给谁不清楚,缺少必要的交代,应改为:张某打电话约其帮忙开车去武汉市,并答应借其人民币 6000 元。

要避免出现"其"的指代不明,首先,注意在一句话中不要人为设置复杂的逻辑关系,不同的意思可分句用简单句式表述。其次,必要的全称指代不能因只图简洁而一味省略,结果造成表述不清。

(二)用法不符合汉语语言习惯

"其"作为人称代词,既可以作主语放在句首,又可以与动词组成动宾结构,同时,按照词性也可以作宾语放在句尾,但是在语法正确的情况下,我们还要注意汉语的语言习惯,保持语句结构的平衡,因为裁判文书不仅有阅看的功能,还有宣读的功能,如果句子不符合语言习惯,读起来就很别扭。

例一:被告人某某持木棍打其。

例二:但一直没人通知其。

例一句中,以"打"为动作谓语,谓语前的主语和谓语后的宾语在句式上失去平衡,读起来非常别扭,应改为:被告人某某持木棍击打其头部、面部。

例二同理应改为:但其一直没有接到任何人的通知。

二、"故"字的用法

"故"属仍通用于今的文言文字,当"故"作连词表因果关系时,与"所以"互通。为了论述法律关系的因果,很多文书中"故"字用得很多,如"原告诉讼请求有理,故本院予以支持""辩护人关于被告人有立功情节应减轻处罚的辩护意见与事实不符,故本院不予采纳"等表述在我们的裁判文书中几乎每份必有。如果是诉讼请求有多项的人身损害赔偿纠纷、劳动争议纠纷等案件,更是重复出现"故"引导的句子。

使用"故"字时存在的主要语法问题:

(一)前后句的关联词并非因果关系关联词

例一:鉴于原告提供的以上证据不能证明原告的月工资收入,故原告的误工费按其所从事行业即公共设施管理业在岗职工平均工资收入的标准计算至原告定残日前一天。应改为:因原告提供的以上证据不能证明原告的月工资收入,故原告的误工费按其所从事行业即公共设施管理业在岗职工平均工资收入的标准计算至原告定残日前一天。

(二)前后句已经用句号分隔,后句还用"故"引导

例二:被告人及同伙的行为符合入户抢劫的构成要件,应当以抢劫罪定罪处罚。故被告人漆××及其辩护人提出的上述辩解及辩护意见,与事实、证据及法律规定不符,本院不予采纳。此处"故"字在句号前,不表因果关系,也属使用不当,既然有句号分隔,在此不使用关联词即可。

(三)因果关系滥用

例三:公安机关后通过网上追逃方式将被告人华××、钟××抓获,因此,该情节不符合法定立功的构成要件,故被告人刘×的上述辩解与事实和法律规定不符,本院不予采纳。此句中的"因此"和"故"连用同类关联词不对,去掉"因此"和"故",句子意思不变,语法更规范。应改为:公安机关后通过网上追逃方式将被告人华××、钟××抓获,该情节不符合法定立功的构成要件,被告人刘×的上述辩解与事实和法律规定不符,本院不予

采纳。

另外，一个复句句式，前半句未用"因为"引导，后半句再用"故"引导，显得多余并无必要，不加"故"字，句子一样通顺且更简洁。保险的方法是每一个独立语义的句子均用简单陈述句式分别表述，中间用句号分隔。

三、"了"字的用法

本文只就"了"用作动态助词，放在谓语动词后宾语名词前，表示对"实际已经发生的动作和变化"的这一用法进行辨析。

裁判文书中所涉及的法律事实、法律活动均属过去时态，"了"通常放在谓语动词后面接受宾语前面，表示完成状态，如"当庭进行了答辩""进行了审理"等。实践中也存在使用不当的情况。

（一）不应用在句尾而用在句尾

"了"放在句尾，表示变化或出现新情况，如"天就要下雨了"，但是当我们在叙述事情的经过时，本意是传达事实，而不是表示事情已经过去，这时不能在句尾用"了"。

例一：被告未经原告同意，就将原告存放被告处的货物卖了，侵犯了原告的处置权。第一处的"了"用法不妥，应改为：被告未经原告同意，擅自出卖原告存放被告处的货物，侵犯了原告的处置权。

（二）表述事实时多用了"了"

例二：本院依法组成合议庭，公开开庭审理了本案。WH市JH区人民检察院检察员某某、被告人某某某到庭参加了诉讼。

前一句中的"了"表示开庭审理的过程已经完毕，没有问题。后一句中的"了"用法不当。一方面，用"了"是表示动作的完结，而控辩双方参加诉讼活动贯穿案件审理全过程，一审宣判时并不表示一审的审判活动的结束；另一方面，"WH市JH区人民检察院检察员某某、被告人某某某到庭参加诉讼"这句话是作控诉和被告人双方参加诉讼活动的基本情况表述和审理程序的反映，而不是表示过去时态，只能用一般陈述句，从语法上讲不应在谓语动词后名词宾语前加表示过去时态的"了"。

四、"的"字的用法

"的"放在陈述句句尾时，表示肯定的语气，如"历史的车轮是不可阻挡的"。有和没有"的"，如"历史的车轮不可阻挡"和"历史的车轮是不可阻挡的"，语意没有区别，语法也没有问题，但其语气明显不同。作为裁判文书，其特性决定不应使用表示语气的表述方式，因此应避免出现用"的"作后缀的句子。

例一：被告辩称，原告起诉理由是不成立的。

例二：原告的要求被告是坚决不同意的。

例三：原告早在80年代末将房屋地基等财产分给几个子女了，位于WH市JH区琼楼里×××号的房屋就是原告给被告的。

句末的"的"都是多余的，应改为："被告辩称，原告起诉理由不成立""被告不同意原告的要求""原告早在80年代末即将房屋地基等财产分给子女，其中WH市JH区琼楼里×××号的房屋分给被告"。

第三节　裁判文书用"词"的要求和常见问题辨析

裁判文书的用词要准确精炼，特别是要使用规范的法（律）言法（律）语，忌用带有感情色彩的形容词、语气词、感叹词，注意词语搭配得当，引用外文时更要准确。同时，针对当事人和社会普遍接受程度，要尽量避免使用生僻或过于文言化的词语，以便于法律文化的传播，更好地发挥裁判文书的教化作用。普通群众看得懂能理解，才是好文书的基础。

一、形容词、语气词

裁判文书代表了法官对案件争议问题的客观判断，是法官对案件所涉及法律问题的辨法析理，要求叙述客观、态度中立，语态平稳而肯定，当然不能使用形容词、语气词等有感情色彩的词语。

(一) 形容词是表示性质、状态的词

表示性质的比如：好、坏、伟大、美丽、大方等。表示状态的比如：长、短、平坦、雪白、绿油油等。表示状态时使用形容词，表达的是一种主观感受，属于文学修辞手法的运用，不符合裁判文书客观、中立的要求。

例一：原告诉称被告某某竟然欠钱不还。

例二：被告人凶狠地将被害人推倒，造成被害人重伤。

上列例句中带点的词具有强烈的修辞色彩，不应出现在裁判文书中。

(二) 语气词是用在句末，表示各种语气的一类词

常用的语气词主要有：啊、吗、吧、呢等。语气词后绝大多数都跟感叹号、问号这些带有强烈语气的标点符号。语气词不同，即使其他句子成分完全相同，所表语气就不一样。如：

他行啊！（表示感叹语气）

他行吗？（表示疑问语气）

他行吧。（表示不太肯定的确认语气）

他行呢！（表示赞许语气）

裁判文书里应杜绝出现这样的语气词和有语气的标点符号。

二、词语搭配

裁判文书作为专业性很强的文体，有些词语具有较固定的搭配关系，但是很多法官在起草文书时不太注意，经常出现任意使用的问题。

(一) "采纳、采信"不分

例一：被告××服饰有限责任公司关于公司不对出资和权益有任何赔偿义务或支付义务的答辩意见，有事实和法律依据，本院予以采信。

"采纳"作接受、赞同讲，应搭配"意见"，意见可以是被告（人）也可以是原告（控方）提出，采纳的对象是一种主观态度。"采信"意为采纳并信任使用，专指审判机关对证据的确认与否，证据可以是被告（人）也可以是原告（控方）提供，采信的对象是客观证据。虽然采纳的意见基于证据，

但"采纳""采信"不是同义词,语法上不能互换或混用。

(二) 错用"主张"

"主张"是关于事物的某种见解。裁判文书中主要用来表述原告的要求、意见,或被告的反诉请求等,被告的应诉、答辩意见不能定义为"主张"。常见法官错误地用"主张"来归纳被告的应诉意见。

例二:被告关于所欠原告债款已经偿还的主张本院不予支持。

(三) "指控"与谓语搭配不当

例三:公诉机关的上述指控,本院不予采纳。

此句中"本院"是主语,"采纳"是谓语,"指控"是宾语。"指控"系兼类词,即可兼做名词和动词,此处当名词作宾语,从词性上分析,看似没有语法问题,但从词语搭配上分析,存在不当。审判机关针对公诉机关的指控,要表明态度即是否赞同指控,更要依据态度作出决定即判决是否有罪,所以用"支持"更恰当。

具体应用可以参照以下搭配:

意见——(是否)采纳;

证据——(是否)采信、确认;

诉请(主张、请求)——(是否)支持;

事实——(是否)认定;

指控——(是否)支持。

示例(摘录):

HB省高级人民法院(20××)鄂刑终×××号刑事判决书,对"采纳"等词语的使用。

本院认为,上诉人王×因琐事与杨×发生纠纷,在原审被告人杨×邀约吕×等人执意报复王×的相互斗殴过程中,持砍镰故意伤害他人,致一人死亡、一人轻微伤,其行为已构成故意伤害罪。王×的犯罪后果严重,在案发后主动向公安机关投案并如实供述犯罪事实,构成自首,依法可以从轻或减轻处罚;王×的亲属在二审期间代为赔偿被害人亲属的经济损失并得到谅解，经审查属实，依法可以对王×酌定从轻处罚。故对王×及其辩护人提出"请求二审从轻处罚"的上诉理由及辩护意见，本院予以采纳。

……

对于上诉人万×及其辩护人提出"万×在本案中起次要作用，其亲属在二审期间自愿代为赔偿被害人亲属的经济损失并得到谅解"的上诉理由及辩护意见。经审查，尽管万×在二审真诚悔罪并得到被害人亲属谅解，但原判已充分考虑其系从犯并真诚悔罪等从宽处罚情节并对其予以从轻处罚，二审不宜再对其从轻处罚。故对万×及其辩护人提出"请求二审从轻处罚"的上诉理由及辩护意见，本院不再予以采纳。

三、用词不准

（一）引用法律概念不准

例一：被告人唐某因民事纠纷持刀故意伤害公民身体，致人重伤，其行为已构成故意伤害罪。

例二：被告人张某盗窃公民财物，数额巨大，其行为已构成盗窃罪。

《刑法》第二百六十四条规定"盗窃公私财物"，没有规定为"盗窃公民财物"；第二百三十四条规定"故意伤害他人身体"，没有规定为"伤害公民身体"。公民是指有本国国籍的自然人，更多作为宪法概念。从一般意义上理解，盗窃外国人财物同样构成盗窃罪而不是其他罪名。

例三：本院认为，被告人袁×与他人相互纠合，以非法占有为目的，采取持刀威胁的手段抢劫公民财物，其行为已构成抢劫罪。

法官在起草文书时，遇到上述情况会纠结于表述上的"撞车"，如何区别表述？应改为：本院认为，被告人袁×与同伙相互纠合，以非法占有为目的，采取持刀威胁的手段抢劫他人财物，其行为已构成抢劫罪。

例四：被告人陈某明知是毒品甲基苯丙胺而非法销售7.9克。

定义为非法销售，易造成歧义。《刑法》第三百四十七条规定走私、贩卖、运输、制造毒品，无论数量多少，都应当追究刑事责任，予以刑事处罚。此句应直接引用法条，改为被告人陈某明知是毒品甲基苯丙胺而贩卖7.9克。

（二）"关于"与"对于"不分

"关于"，介词，引进涉及的事物。如：关于审判绩效考核（引进的事物），上级法院有具体要求。

"对于"，介词，介引动作的对象或与动作有关的人或事。如：对于文化遗产，我们必须进行研究分析。

"关于"和"对于"用法相近，有时可以互换。如：关于（对于）这个问题，大家有不同的看法。

但是这两个介词在用法上还是有区别的。

表示关联、涉及的事物，用"关于"，不用"对于"。如：关于辩护人提出的×××辩护意见（引进行为和事物），无事实和法律依据，本院不予采纳。

指出对象，用"对于"不用"关于"。如：被告当庭答辩时称，对于租户自行搭盖的事情（引进对象），被告一直明确表示反对和制止，由此造成原告的损失不应由被告承担。

裁判文书在论理部分对证据和查明事实进行表态，具有强烈的关涉性，引导词应该用"关于"。如：关于被告陈某已垫付的医疗费（引进事物），纳入本案的赔偿范围一并处理。又如：关于原告的诉讼请求中合理的部分（引进事物）予以支持，不合理的部分不予支持。

（三）引用带字母的专有名词不准确

当案件事实涉及物品，如肇事车辆、被损货物、被盗抢物品等，需要对物品的名称、型号、品牌进行描述：英菲尼迪跑车、绿源牌电动车、联想V550型笔记本电脑、梅花牌17K镀金手表……实践中很多法官对此比较随意，要么根据起诉书所称，要么自行简化，显得不够严谨严肃。虽然有些物品有约定俗成或知晓率、辨别率较高的习惯称谓，不影响受众的理解，但是涉案物品是案件事实的重要组成部分，裁判文书的表述应该讲求准确无误。

例一：被告驾驶肇事的奥迪轿车。

此例中一是缺型号描述，二是物品表述不准。应改为：奥迪牌A6L型小型客车。

例二：ITOUCH 4（32G）1部。

此例中物品品牌、类别均不详，并且全部用大写字母，与实际物品标注型号不一致。应改为：苹果牌 iPod touch 4（32G）游戏掌机 1 部。

笔者认为按照"品牌名称＋标注型号＋物品类别"的格式对涉案物品进行描述比较清晰易辨别。

（四）单位名称、地名表述不规范

裁判文书中单位、地名多有涉及，表述原则是单位要用全称，地名要辨识度高。

例一：在本市 JH 区新华西路菱角湖万达广场 A1 座公寓楼。

例二：在本市 JH 区 HK 火车站出站口。

例一句中，"JH 区新华西路菱角湖"是地名（方位），"万达广场 A1 座公寓楼"是具体地址，"JH 区新华西路菱角湖"与"万达广场 A1 座公寓楼"不是隶属的关系，这样表述不规范，应改为："在位于本市 JH 区新华西路菱角湖的万达广场 A1 座公寓楼"。

例二句中，问题相同，应改为："在位于本市 JH 区的 HK 火车站出站口"。

四、习惯用法

一些习惯用语因为长期的沿袭，大家并不觉得有何不妥，但从语义的内涵上来讲并不准确。

以"事实"这个裁判文书中的高频词为例。严格讲，裁判文书里的"事实"有其特定的内涵和外延。裁判里的"事实"是"法律事实"，意味着必须有证据予以证明。出现在裁判文书里的"事实"又很"拧巴"，原告所述的是"事实"，被告辩称的是"事实"，刑事被告人虚构的也是"事实"，法官认定的还是"事实"，如此多的"事实"中，其实只有法官依据证据认定的是"事实"，这个"事实"就是"法律事实"。裁判文书在表述当事人视角的陈述或辩解时，应该尽量避免使用"事实"这个词。

例如：

《刑法》第二百六十六条诈骗罪：诈骗公私财物，数额较大的，处三年以下有期徒刑、拘役或者管制，并处或者单处罚金；数额巨大或者有其他严重情节的，处三年以上十年以下有期徒刑，并处罚金；数额特别巨大或者有其他特别严重情节的，处十年以上有期徒刑或者无期徒刑，并处罚金或者没收财产。本法另有规定的，依照规定。

条款中并没有"诈骗罪是指以非法占有为目的，用虚构事实或者隐瞒真相的方法"这样的表述，但在裁判文书网上搜索关键词"诈骗罪"，几乎一律使用"虚构事实"一词来界定诈骗罪。法律语境下的"事实"一词，内涵明确，只能是"法律事实"，即由在案的（充分且必要）证据所证明的事实。"虚构"和"事实"本身是一对矛盾，既然是虚构，就不是事实。

第四节　裁判文书句子中常见语法问题辨析

句子是语言交际的最基本单位。一个句子表达一个相对完整的意义，如陈述一个事实，提出一个问题，表达某种愿望或感慨等。裁判文书要求句子成分完整、句式尽量为简单陈述句，忌用任何修辞格。常见的裁判文书语句存在的语法问题主要有语言逻辑错误、句子成分残缺或多余、句子结构杂糅，以及标点符号运用不规范、句式超长等问题。

一、分句间逻辑关系错误

例一：经被害人报案，公安机关根据线索于次日将被告人抓获。

例二：经被害人报案，被告人于同年5月23日主动向公安机关投案。

例三：经法医鉴定，被害人头皮挫裂创口达1.6cm，头皮下血肿，其损伤程度属轻微伤。

例四：经审理查明，×××。

以上例句是裁判文书中经常出现的句式，其用法起于何时已无从考证，多年沿袭而来，约定俗成，也没有谁去质疑。但每次读到总觉得别扭。

例一、例二句基本语意看似清楚，有"被害人报案""公安机关根据线索于次日将被告人抓获"（或"被告人于同年5月23日主动向公安机关投案"）

两层意思。

分析句子成分，"公安机关（被告人）"是主语，"抓获（投案）"是谓语，"经"作介词，引导的介词短语作状语（状语就是修饰谓语的词）。句子意思主干为"经过被害人报案，公安机关将被告人抓获"（或"经过被害人报案，被告人主动向公安机关投案"）。

分析语句意思的逻辑，在时间脉络和行为间的关联性上，"报案→抓获（投案）"不具有唯一性的逻辑关系（"经报案"作句子的状语，用来修饰谓语"抓获"），不是"报案"就必然有"抓获"的结果。

实际应该是这样的逻辑关系：接到被害人报案后，公安机关立案侦查并根据线索抓获被告人（或接到报案，公安机关立案侦查期间被告人投案自首）。报案只是启动侦办案件的条件，而不是抓获的逻辑前提，更不是被告人自首的逻辑前提。

同时，行为与行为人之间的关系也存在逻辑上的混乱："报案"的行为人是被害人，破案的行为人是"公安机关"（"投案"的行为人是"被告人"），"经"引导的状语并不是句子的实际主语"公安机关"（被告人）的状态。

所以，句子应改为："接被害人报案后，公安机关根据线索于次日将被告人抓获"；或"被害人向公安机关报案，被告人于同年5月23日主动向公安机关投案"。

例三中有"经法医（做）鉴定""被害人（的伤情是）头皮挫裂创口达1.6cm，头皮下血肿""被害人构成轻微伤"三层意思，第二层意思与第三层意思是定量与定性的关系，但第一层意思与后两层意思间不具有逻辑和行为之间的关联性，即并不是先有法医鉴定的行为而后有伤情的结果。

法医对被害人的伤害后果进行鉴定，得出伤情（定量）和损伤程度（定性）的结论，而不是经过鉴定，被害人才有伤害后果。此句还存在语法的错误，将在句子成分一节进行分析。

可能有人会认为，文书要求简洁，只要能看懂就行，不必苛求语法，这样一分析，把简单的问题弄复杂了。如何将这三层意思简洁明了地表述出来，在此展示两个笔者认为比较好的例子：

1. 2011年12月8日（交代时间）HB××法医司法鉴定所依委托（载明鉴定机关）出具鉴定意见：原告人头皮挫裂创口达1.6cm，头皮下血肿，损伤程度为轻微伤；不构成伤残。

2. WH 市公安局交通管理局 JH 大队作出 420103 第 B020×××048 号《交通事故认定书》，认定被告王×负此次事故全部责任。

再分析例句四"经审理查明，×××。"应该是符合语法标准的。分析句子成分：主语"本院"，已省略；介词短语"经审理"作状语，用来修饰谓语"查明"；"×××"部分作宾语，宾语内的成分划分不再赘述。

例五：公诉机关指控被告人彭某于 2011 年 4 月 21 日向被告人孙某贩卖毒品甲基苯丙胺 88.43 克的事实，事实不清、证据不足，本院不予支持。

该句子的问题在于：第一，逻辑错误，法院不予支持的理由是"事实不清，证据不足"，且检查机关的指控在未经审判机关查实认定前，还不能成为"事实"；第二，法院支持或不支持的是检察机关的指控而不是事实。应改为：公诉机关关于被告人彭某于 2011 年 4 月 21 日向被告人孙某贩卖毒品甲基苯丙胺 88.43 克的指控，事实不清、证据不足，本院不予支持。

二、句子成分残缺

句子成分残缺，是指用词造句时缺少应有的句子成分，以致造成句子结构不完整，表达的意思不准确，甚至产生歧义。

（一）行文中使用超长句式

有些法官喜欢一逗（号）到底，致使发生主语更换的问题，部分分句主语残缺。

例一：2012 年 4 月 27 日 13 时许，被告人黄某在本市江汉区陈家墩 746 号×楼其租住的房间内，以人民币 100 元的价格向吸毒人员杨某贩卖毒品甲基苯丙胺 0.18 克，被公安人员当场抓获，‖还从上述房间的床铺上收缴毒品甲基苯丙胺 7.57 克。

例一为长句式，主语是"被告人黄某"，而到画"‖"线部分，如果还是"被告人黄某"作主语就讲不通了，到此处主语实际上已经发生转化，"‖"号前后应是并列分句关系，后句在句子成分中缺少了主语。如果将"‖"号前的标点改为分号，"还从"前加上主语"公安人员"，句子就完整了。

(二) 滥用介词，造成主语或谓语残缺

例二：经法医鉴定，被害人头皮挫裂创口达 1.6cm，头皮下血肿，其损伤程度属轻微伤。

例二的语法问题比较复杂。除了存在上一节所述逻辑错误，语法上也有错误。分析其句子成分，介词词组"经法医鉴定"作状语，"被害人头皮挫裂创口达 1.6cm，头皮下血肿，其损伤程度属轻微伤"作宾语，则有形式主语残缺的错误，但实际并不是真正的主语残缺，而是因滥用介词，将名词"法医"放在介词结构中，造成形式主语残缺。如果这样表述："法医经鉴定，被害人头皮挫裂创口达 1.6cm，头皮下血肿，其损伤程度属轻微伤"呢？还是分析一下句子成分，"法医"作主语，"经鉴定"作状语，"被害人头皮挫裂创口达 1.6cm，头皮下血肿，其损伤程度属轻微伤"作宾语，句子谓语残缺，同样有语法错误。应改为："法医鉴定意见（主语）认定（谓语），被害人头皮挫裂创口达 1.6cm，头皮下血肿，其损伤程度属轻微伤（宾语）。"也有人认为句子的主语应该是"被害人"。我们再分析，例句中"被害人"修饰"头皮挫裂创口达 1.6cm，头皮下血肿"，是定语而不是主语；在"被害人头皮挫裂创口达 1.6cm，头皮下血肿，其损伤程度属轻微伤"这一分句中，短语"被害人头皮挫裂创口达 1.6cm，头皮下血肿，其损伤程度"作主语，"属轻微伤"作谓语，共同构成全句的宾语。

新修订的《民事诉讼法》和《刑事诉讼法》，已对证据分类进行修改，将"鉴定结论"修改为"鉴定意见"，结合裁判文书中普遍存在的证据的罗列没有按照证据的种类排列，以致涉及语法上，各个具体证据间层次关系不清的问题，建议在制作裁判文书时，按照诉讼法的证据种类和排列顺序进行表述。

三、句子成分多余

在句子结构本已完整的句子中使用一些不必要的词语作句子成分，造成句子成分多余。

例一：被告人为抗拒抓捕而当场使用暴力，致二人轻微伤的后果。

分析句子成分：被告人（主语）为抗拒抓捕而当场使用暴力（状语），

致（谓语）二人轻微伤的（定语）后果（宾语）。句子的主干成分是"被告人（主语）致后果（宾语）"，什么后果，语焉不详。如将"二人轻微伤"直接作句子的宾语，去掉"的后果"的后缀，句子语法就正确了。

例二：王某证人证言证明，余某在案发后收到被告人退还的人民币0.9144万元的事实。

例二与例一犯了相同的语法错误，应去掉句尾的"的事实"。

例三：价格鉴定意见证明，赃物价值认定的情况。

例三除了有多余后缀的语法错误，还有语意不明的错误，类似于"A是A"的表达，没有清楚表述证据证明的内容。应改为："价格鉴定意见证明，赃物价值认定为人民币8300元。"

四、句子结构杂糅

一个句子中，主动与被动语态的动词同时共用一个主语，造成句子的语法错误。

例一：公安机关将被告人抓获归案。

例二：被告人被公安机关抓获归案。

例一和例二两句，一个是主动语态一个是被动语态，字数也一样，是否存在语法错误？"抓获"和"归案"都是谓语性动词作谓语，但是，"抓获"和"归案"两词最大的区别在于，"抓获"可以是主动态也可以是被动态，而"归案"只能是主动态，不能"被归案"。

例一中主语是"公安机关"，显然"公安机关"不能作"归案"的主语，出现这样的语法错误，实际是以前半句"公安机关抓获被告人"中宾语"被告人"作"归案"的主语，将两个具有不同主语的句子连成一句而形成的。

例二中"抓获"和"归案"能否并列使用作连谓语呢，以"被告人"作主语，"被抓获归案"是被动语态谓语，可以"被抓获"，但不能"被归案"，所以在被动语态中"抓获"和"归案"也是不能并列使用的。应改为"被告人（主语）被公安机关抓获（被动词组作谓语，）而（连词，连接事理上前后相因的成分）归案（连谓语）"。现实中，司法机关文书和新闻稿件也很常见这样的表述，是否存在语法问题，在此仅表达个人观点，供大家参考。

五、任意简化用语

有些裁判文书上的时间表述过于简化，如"同年 7 月 11 日""同月 20 日"等，如果在一个较为紧凑的文字叙述段落内，这样表述不失为简便。我们也经常遇到一些裁判文书连续多个段落都采取简化方式表述时间，如以下例句：

经审理查明，被告人陈某还于同年 7 月 11 日，同月 20 日，×××。

被告人陈某还于同月 25 日，×××。

被告人陈某还于同年 8 月 21 日，×××。

被告人陈某还于同月的一天，×××。

被告人陈某还于 2011 年 6 月 9 日中午，×××。

公安机关于同月 26 日将被告人陈某抓获。

这种表述既不符合裁判文书的格式要求，又容易造成笔误，以哪个时间为参照，阅读文书的人要不停地通过前后对照来形成时间概念，虽然方便了写作者，但给阅读者造成不便，新的文书纠错软件系统也一律将简写时间作为错误表述给予提示。笔者认为，法律文书是严肃严谨的，时间的表述不宜简化。

六、人称混淆

裁判文书作为一种特殊文体，是否有人称，是第几人称，也是一个常识性的问题。毫无疑问，裁判文书是有人称的，而且是第一人称。文书中有清晰的表述：本院组成合议庭……，本院认为……，"本院"即"我院"，裁判文书使用的是第一人称。既是基本常识，本不应该混淆，但也有些裁判文书还是出现人称的错误。

例："原告诉称，×××，故起诉至本院（或故向本院提起诉讼），×××。"此处用"本院"明显错误，原告不能自称"本院"，应该改为"故起诉至法院"或"故向法院提起诉讼"。

裁判文书中的归纳诉辩意见部分，是转述不是引述，一般亦不能出现第一人称"我"，如在引述当事人及证人的叙述必须使用"我"时，一定要用引号标注，不能用转述的方式。

第五节　裁判文书段落中常见语法问题辨析

段落即一篇文章中的自然段，是篇章结构的基本单位，每个段落以换行为标志，表示文章思路发展中的停顿或转换。裁判文书文体一般是按首部部分（诉讼当事人身份）、归纳诉辩双方意见部分、查明事实部分、本院认为部分，裁判主文部分、尾部等五个相对独立部分组成，每一部分内以若干自然段来表述一个个相对独立完整的意思。本文只就段落的语法错误进行辨析。

一、段落引导词不当

由于裁判文书的特殊性，一些段落需要运用引导词来区分各段落既不同又关联的表述内容。

比如：□□经审理查明，×××。□□又查明，×××。□□还查明，×××。（□□表示换行）

例一：□□另查明，案件审理期间，经本院主持调解，被告人及保险公司与被害人亲属就民事赔偿问题达成调解协议，由被告人及保险公司共同赔偿被害人经济损失共计人民币43万元，被害人亲属自愿撤回附带民事诉讼，并对被告人的行为表示谅解，本院口头裁定准许撤回附带民事诉讼。

例二：□□另查明，案件审理期间，被告人蔡××的亲属代为退缴赃款人民币×××元。

"另查明"引导的段落内容应是与前一段落在类别上有不同，但同样属于案件定性与定量的要素，刑事案件按照定罪事实（定性，一项或多项）、量刑事实（定量，一项或多项），民商事案件按照当事人双方民事权利义务关系及争议产生经过（定性）、影响裁判结果的其他事实（定量）的表述规则，通过分段来清晰表述。

应当注意"另查明"所引导的表述内容，应该是在审判机关受案前发生，或者是受案后在当事人间发生的法律事实。在表述审判机关主导的诉讼活动时，冠以"另查明"就成了自己查明自己，显然不妥。

以上例一、二均存在段落引导词运用不当的错误。例句一中无需将审判机关主导的诉讼活动冠以"另查明",直接表述即可。例二没有交代清楚代为退缴赃款是当事人间自行作为还是审判机关主持下的合意。该案的实际情况是被告人家属案外主动对被害人作出赔偿,那么,应该表述为"另查明,案件审理期间,被告人蔡××的亲属与被害人经自行协商,已代为赔偿上述被害人全部经济损失并取得谅解。"

例三:□□经鉴定,上述毒品疑似物中有 75.41 克为毒品甲基苯丙胺,1045.07 克为国家管制的二类精神药品咖啡因。

关于公诉机关指控被告人彭××于 2011 年 4 月 21 日向被告人孙×贩卖毒品甲基苯丙胺 88.43 克的事实,经查,虽然被告人孙×的供述证实公安机关在其租住处茶几内收缴的红色圆形片状毒品均系案发前日从被告人彭××处购买……

关于辩护人提出被害人对引发本案存在过错的辩护意见,经查,本案证人证言……

例三中用了引导词"经鉴定"(包括"经查"),除了有前文所述乱用介词"经"的语法错误,还有缺少主语的语法问题,谁鉴定、谁查的不明确。关于"经查""经鉴定"这样的语法问题,在裁判文书中非常常见,是多年沿袭下来的习惯用法,包括公安、检察机关的文书,也多有运用。

二、句式运用不当

证据列述通常一个或一类为一个段落。证据列述在整篇裁判文书中具有承上启下的作用,一方面是对查明的事实进行逐一佐证;另一方面是为在本院认为部分,最终对案件作出判断提供依据。证据列述部分最考验法官的裁判文书制作功力,因为案件的证据多、杂,我们必须以最精炼的文字进行概括,关键是要清晰表述证据的证明内容,切记不要生硬地省略,以清晰明了为原则,兼顾简洁。证据列述部分的语法错误除了有词、句方面的,最常见的是句式运用不当问题,造成证明内容缺失,削弱了证据列述在裁判文书中的作用。

例一:刑事判决书、劳动教养决定书证明,同伙沈某文、汪某分别被判刑及劳动教养的情况。

例一的句子主干是"刑事判决书、劳动教养决定书（主语）证明（谓语）情况（宾语）"。一是用了多余的后缀"的情况"，词组"同伙沈某文、汪某分别被判刑及劳动教养"本应是中心语，用以回答"是什么"，结果成了"情况"的定语，而将"情况"作为了中心语；二是"同伙沈某文、汪某"被判刑和劳动教养的事由没有明确表述，该证据的列举没有达到证明作用；三是过于简化，使用"及"将"判刑"和"劳动教养"并列，易产生"沈某文、汪某又被判刑又被劳动教养"的歧义。应该去掉"的情况"的后缀，改为"刑事判决书、劳动教养决定书证明，因本案，被告人的同伙沈某文被判刑，汪某被劳动教养"。

例二：公安机关检查笔录、扣押物品清单证明，查获、扣押作案工具的事实。

例二的句子主干是"检查笔录、扣押物品清单（主语）证明（谓语）事实"。一是使用多余后缀"的事实"，造成中心语偏移；二是查获扣押的什么作案工具，在什么地点查获，作案工具的具体作用等关键问题均没有明确表述。应改为"检查笔录、扣押物品清单证明，公安机关在被告人家中查获并扣押某某作案工具"。

例三：公安机关的抓获及破案经过证明，本案的侦破经过及被告人与同伙被抓获的经过。

例四：书证《证明材料》证明，被告人陈某桃、沈某文谎称因家庭困难无力抚养自己的孩子，愿交由他人抚养的证明材料。

例三的句子主干是"抓获及破案经过（主语）证明（谓语）经过（宾语）"。例四的句子主干是"《证明材料》证明……证明材料"。这种"A 证明 A"句式，等于什么也没说。

三、语气不当

裁判文书是具有特殊性的文本，但仍然属于公文，既要易于读懂，表达语气上又要符合公文的要求，避免过于口语化。

例一：原告早在 20 世纪 80 年代末将房屋地基等财产分给几个子女了，位于 WH 市 JH 区琼楼里×××号的房屋就是原告给被告的。

例二：被告是为了配合拆迁办的手续才向原告等五人借户口领取补偿金

的。《房屋拆迁货币安置协议书》虽然是原告的名字，但实际还是被告所签，补偿款也是拆迁办通知被告去领取的，如果没有原告的同意，被告是无法拿到他的身份证到银行领取补偿款的。

上述例句中存在口语化的表述并使用了假设的语气，这些表述方式均不符合裁判文书的文法要求。

四、标点符号的使用过于随意

标点符号是文字语言的组成部分，能够使我们更加确切地表达和理解语言。标点符号又分为点号和标号。除问号、感叹号不宜使用外，裁判文书要用到顿号、逗号、分号、冒号、句号等点号。标号中常用的有引号、括号和书名号。其他如破折号、省略号、着重号、间隔号等一般都不会在裁判文书中使用。

（一）缺表示停顿的逗号

例一："证据十三，被告人陈××的供述与上述证据基本一致。"

作为证据列举，应采用"证据名称，证明事项"的表述方式。

例一中前面多项证据均是按照"证据名称，证明事项"的格式叙述，如果将被告人的供述作为证据的一项来列举，还是应按照统一的表述方式，在"供述"后加上逗号，表示被告人供述只是证据其中一项。如果一定坚持像例句一这样表述，那么应作为一个独立事实，将此句放在证据列举完后，不加序号，独立成段。

（二）以分号代替句号

一些裁判文书都是一个段落，只在段尾使用一个句号，整个段落中间均使用分号来区别意思。顾名思义，分号表示并列的长分句或分句组之间的停顿，每一个单独意思的句子后面则应使用句号。

例二：被告人方××、田×的辩护人均提出上述被告人犯罪时未满十八周岁、归案后如实供述罪行；被告人方××的辩护人还提出被告人方××系自首、积极协助公安机关追缴赃物，分别请求对被告人方××、田×减轻处罚的辩护意见，符合事实及法律规定，本院予以采纳。

分号表示并列的长句或分句组之间的停顿。例句中使用了分号，以表示前后分句意思上的停顿，但实际上前后分句的主语有区别，不是真正的分句关系而是两个完整的、独立的单句。

还有后半句中，只有一个动作的发出者——方××的辩护人，"分别"从何谈起？联系前后内容，应该是语句中用词顺序不正确，可改为"请求分别对被告人方××、田×减轻处罚的辩护意见"。

（三）引号所引导的内容划分不当

例三：被告人以"投资生意可获取丰厚利润，并承诺按月支付高额利息为诱饵"。

例三引号的引文不对，应该改为：被告人以"投资生意可获取丰厚利润"为由，并以承诺"按月支付高额利息"为诱饵。

（四）错用冒号

例句四：被告人吴某保的辩护人提出：被告人吴某保归案后如实供述自己及同案犯的罪行，认罪态度较好；被告人吴某保积极退赃并取得被害人谅解。据此，请求对被告人吴某保从轻处罚。

句子既不是将辩护人的意见进行完整引述，也不是对话式的表达，而是在简要转述辩护人的辩护意见，此处应使用逗号。

（五）段落中缺少停顿

有些文书常常一句话跨越三、四行。以1行28个字符的标准算，百余字间没有任何停顿。而实际上，句子中已经包含了多层逻辑关系，既不易于理解又极易导致语病（此处不再举例）。

我们可以掌握按意思层次分句表述的原则，不同层次用句号分隔，避免使用超长句式。

最后，想就裁判文书制作如何防止语法错误给大家总结几条要诀，就是"四要四不要"：要短句式，不要超长句式；要简单句，不要复杂逻辑关系；要陈述句，不要修辞格；要规范用语，不要生僻字词。

平时与法官们探讨裁判文书的写作技巧时，有法官提出既然有这么多的要求，是不是裁判文书不能有法官个人的风格？笔者认为，裁判文书要讲究语言规范，但是可以有法官个人的行文风格，如保持段落内或并列段落的句子句式上工整统一，以便于阅读者迅速归纳含义；讲究音韵，读起来抑扬顿挫、朗朗上口，体现出气势。同时，要避免过度个性化，更不能出现流行的网络体等不规范语言。关于裁判文书的个性风格，不属于纯语法文法问题，本文不再赘述。

第四章　裁判文书语言的逻辑属性

语言是思维的工具，文字记录思维的过程和结果，而我们思维的过程是由某种逻辑关系串联起来，比如由因导出果的因果关系等，这就是语言的逻辑，从这个意义上讲，语言表达中的逻辑问题仍然属于语言研究的范畴。

裁判文书通过"摆事实讲法理"进行论证，因此，论证必须遵守推理的规则。本章主要讨论裁判中证明（或证伪）的逻辑关系。

司法权威的公信力来源于法院的中立地位和法院裁判理由的阐明。法院对各类刑事案件审理，主要的结案方式就是以裁定书、判决书的形式向社会公布审理的结果。法院取得公信力的最佳途径就是公开自己的判决理由，使判决的根据最大限度地反映审判结果，对作出的裁定、判决书进行充分论证，以理服人，以理取信于民。所以，提高裁判文书质量，增强裁判文书的论证与说理，对提高司法权威的公信力有着重大的意义。

第一节　裁判文书逻辑思维要点

不同于辩论赛的"强词夺理"来提升赛事的观赏性，也不同于学术论文文体中作者论述逻辑的主观自洽性，更不同于文件性质公文强调下级对上级的服从性，"定分止争"和"价值引领"的裁（量）判（定）属性，以及审判的中立地位，决定了裁判文书必须遵循法律事实与法律结论之间的内在逻辑和逻辑关系的表述方式，也就是法律的因果关系论述方法与结构的特殊属性。《最高人民法院关于加强和规范裁判文书释法说理的指导意见》第六条、第七条、第十三条、第十四条对此作了明确要求。

无论法学理论研究还是司法实务，都与逻辑学有着必然和必须的内在联系，本章节将从裁判文书说理与逻辑学之间的相关问题展开论述，并且所涉及关于逻辑学的表述均基于现有成体系的逻辑学学说，不涉及逻辑学学术研究领域。

一、裁判文书的形式逻辑

形式逻辑的基本规律是思维规律，不是事物本身的规律。形式逻辑的规则包括同一律、矛盾律、排中律、理由充足律，裁判文书说理的内在形式逻辑规律要求论理思维的过程必须具备确定性、无矛盾性、一贯性和论证性。

形式逻辑作为思维的规律，是法律领域最重要的推演工具，包括顶层的立法技术和立法审查（立法法范畴），以及司法实务活动中案件侦查结果、审查起诉过程的推演，都需要运用逻辑思维。面对一个案件，参与各方都需要通过法律推理、法律论辩和法律论证来表达己方的证明过程和结果（证真或证伪）。

裁判文书在说理过程中应充分运用形式逻辑来阐明"以事实为依据，以法律为准绳"的法律适用过程和结果。法律语言表达的基本要求之一是条理清楚，法律思维则强调依据法律规范进行思维，即法律判决的结论必须是依据推理的方式逻辑地得出。换句话说，法律思维不能与人们的日常逻辑思维明显违背，否则判决就缺少了说服力。

在一般案件的司法判断中，就是将法律大前提和事实小前提结合起来，运用三段论的推理模式逻辑地推导出一个裁判结论。

某区人民法院民事再审判决书载明，"根据《最高人民法院关于民事审判监督程序严格依法适用指令审理和发回重审若干问题的规定》（法释〔2015〕7号）第七条'再审案件应当围绕申请人的再审请求进行审理和裁判。对方当事人在再审庭审辩论终结前也提出再审请求的，应一并审理和裁判。当事人的再审请求超出原审诉讼请求的不予审理，构成另案诉讼的应告知当事人可以提起新的诉讼'，2003年2月25日，汪××起诉的诉讼请求为'自愿离婚'。2003年3月10日庭审时，被告陈××提出'要求按法律规定对房屋进行分割'。双方当事人在再审中均提出分割某某路360室，因此本案审理范围为汪××与陈××共有房产的分割。"这就是典型的三段论式的推理逻辑。

同时，一般的形式逻辑并不能等同于法律逻辑，法律逻辑有其自身的特殊性。这就是，一般的形式逻辑在法律中的运用是要受到法律的规范性和价值性的约束的。形式逻辑思维运用仍然是法律推理的核心问题，因为违背逻辑会导致错误的判决结论。

裁判文书强调推理的逻辑性是基于理性的需要，通过对司法裁断进行说理与论证，以展示裁决的理性特点，克服司法的人情化。法官虽然不绝对排斥情感因素，但是，法律思维是依据规则和以事实为中心的理性思维活动，所以，法律思维首先是服从规则而不是听从情感，是要借助非人情化的形式，展示判决的法律理性和法律内在逻辑。

同样，在立法中，法律的表述需要遵守最起码的逻辑要求和逻辑理性，遵守起码的立法逻辑。对于立法来讲，体系化法典编纂符合逻辑体系要求的重要作用在于，它可以简化法律，使法律具备条理性。尤其是在复杂法典的编纂中，法律越复杂，简化法律的需求就越迫切，通过符合逻辑要求的法律编纂，可以将庞杂的法律压缩到较少的内容中，以克服体系上的混乱。

法官对案件事实的认定也不仅仅是机械的证据规则运用或者是进行简单的直觉推理，而是会借助较为复杂的逻辑推理来认识和使用证据材料。因为思维合乎逻辑规律是思维正确的必要条件。在司法裁断中，一般司法判决的作出，必须符合法律逻辑推理的要求，当然，需要引入价值判断和价值推理的情形例外。

二、裁判文书的辩证逻辑

辩证逻辑是通过思维中判断、推理等活动对外部世界作出概括的本质反映。一方面，它需要不断总结人类思维发展的材料，认真研究整个人类认识史，研究个体思维发展史，概括、总结各门具体科学的新成果；另一方面，它又起着指导和帮助人们自觉进行辩证思维的作用。辩证逻辑的方法是各门科学普遍适用的方法，它的各个范畴和规律都具有普遍的方法论意义。

三、裁判文书的思维逻辑

形式逻辑与辩证逻辑都是思维的规则，分别从不同的侧面以不同的方式反映客观对象间最普通、最简单的关系。人们在运用逻辑进行思维活动的过程中，通过掌握的形式逻辑知识对客观对象本身作出规律性的判断，同时又辩证地不断检验和丰富自己的逻辑思维认知。

在司法裁判的思维过程中，需要遵循形式逻辑与辩证逻辑不同的逻辑功能实现司法的裁判。一方面，法官运用形式逻辑功能，从事实证据等客观对象本身推理出结论并得出结果，每一个环节都是完全确定的，界限分明；另一方面，每审理一起案件，法官都会有意识或下意识地将裁判的过程在自己的逻辑体系里进行"刷新"，使自己的头脑得到不断的迭代更新，从而更加富有经验。这个过程就是一名资深法官养成记。

面对一件案件，要如何开始裁判的逻辑思维呢，我们再三强调，裁判的思维逻辑，必须遵从司法的原则和法律条文的内在规律。

（一）充分条件

定义：如果有事物情况 A，则必然有事物情况 B；如果没有事物情况 A 而未必没有事物情况 B，A 就是 B 的充分而不必要条件，简称充分条件。

充分条件是逻辑学在研究假言命题及假言推理时引出的。

陈述某一事物情况是另一件事物情况的充分条件的假言命题叫作充分条件假言命题。充分条件假言命题的一般形式是：如果 p，那么 q。符号为：$p \to q$（读作"p 蕴涵于 q"）。例如，"如果物体不受外力作用，那么它将保持静止或匀速直线运动"是一个充分条件假言命题。

根据充分条件假言命题的逻辑性质进行的推理叫充分条件假言推理。

定义：如果没有事物情况 A，则必然没有事物情况 B；如果有事物情况 B 就一定有事物情况 A，A 就是 B 的必要条件，应注意必要条件不是必要不充分条件的简称。

示例（摘录）：

某省高级人民法院刑终×××号刑事裁定书对犯罪构成要件进行了论证：

（一）对抗诉、辩护意见的分析

检察机关认为：左××明知患有癫痫病而骗取机动车驾驶证上路行驶，可能会发生危害社会的结果，却依然上路行驶，放任危害社会的结果发生，其行为构成间接故意的以危险方法危害公共安全罪。

原审被告人及其辩护人认为：左××预见到患有癫痫病而

骗取机动车驾驶证上路行驶,可能会发生危害社会的结果,但过于自信,轻信能够避免,事实上却发生了危害社会的结果,其行为构成过于自信过失的交通肇事罪。

......

本案中,抗诉与辩护意见在意志因素上具有本质差异。抗诉机关认为,左××放任危害结果发生,危害结果的发生不违背其意志;辩护人认为,左××轻信能够避免危害结果发生,对危害结果的发生持反对、抗拒态度。控辩双方意见在意志因素上根本对立,是本案的争议焦点所在,也是本裁定论证的核心内容。

(二)左××的行为构成交通肇事罪而不是以危险方法危害公共安全罪

1. 故意违反交通法规不是行为人对严重危害结果持放任心态的充分条件

交通肇事罪的构成特征为"违反交通法规"+"过失导致严重危害结果"。如果行为人故意违反交通法规,客观上发生严重危害结果时,就可以直接推导出行为人对严重结果持放任心态,那么故意违反行政法规的过失性犯罪就没有了存在空间或者说失去了独立判断其主观方面的意义。因此,对于因交通违法而导致的重大伤亡事故,有必要在行为人的行政违法故意之外,独立地探讨行为人对严重结果所持的主观心态,而不能将行政违法的故意或过失等同于犯罪的故意或过失。

《最高人民法院关于审理交通肇事刑事案件具体应用法律若干问题的解释》第二条规定:"有以下严重违反交通法规的行为之一,交通肇事致1人以上重伤且负事故全部或主要责任的,以交通肇事罪定罪处罚:酒后、吸食毒品后驾驶机动车辆的;无驾驶证驾驶机动车辆的;明知是安全装置不全或者安全机件失灵的机动车车辆而驾驶的;明知是无牌证或者已报废的机动车车辆而驾驶的;严重超载驾驶的。"上述解释清楚表明,行为人故意违反交通法规,甚至是比较严重的情形,比如酒后驾驶、吸毒后驾驶等,也不能简单推导出行为人对严重危害结果持犯罪故意。

本案中，原审被告人左××作为机动车驾驶员培训教练，故意隐瞒患有癫痫病的事实，欺骗审核机关，续领驾驶证上路行驶，违反了交通法规，但不能据此认定左××对驾车冲撞他人持犯罪故意。抗诉机关以左××故意违反行政法规来推定其对严重危害结果的发生持放任态度，既缺乏必要的因果联系，又不符合行政违法结果加重犯的构成特征，不能成立。

……

本案中，原审被告人左××驾车时突发癫痫病，导致失去控制能力，进而发生交通事故，在危害结果发生后，其既无意识又无能力进行任何后续操控行为，再结合当时的司乘环境（车上人员为其妻子和妻弟），推定行为人对危害结果的发生持反对态度既符合客观实际又符合惯常思维，因此，其行为应定性为交通肇事罪。

（二）必要条件

必要条件是逻辑学在研究假言命题及假言推理时引出的。陈述某一事物情况是另一件事物情况的必要条件的假言命题叫作必要条件假言命题。必要条件假言命题的一般形式是：只有 p，才 q。符号为：p←q（读作"p 逆蕴涵 q"）。例如，"只有有作案动机，才会是案犯"是一个必要条件假言命题。

根据必要条件假言命题的逻辑性质进行的推理是为必要条件假言推理。

以刑事案件为例，犯罪构成要件是《刑法》规定的对行为的社会危害性及其程度具有决定意义的而为该行为成立犯罪所必需的要素，我国刑法理论遵循的是"四要件说"即犯罪构成的共同要件应为犯罪客体、客观方面、主体、主观方面。也就是说，在刑事裁判文书中要从犯罪客体、客观方面、主体、主观方面四个方面论证被告人是否构成犯罪、成立什么罪名、罪轻或是罪重等。再比如，构成组织、领导、参加黑社会性质组织罪的必要条件，包括组织特征、行为特征、经济特征和危害性特征。

示例（摘录）：

WH市JH区法院刑事判决书对犯罪构成要件进行了论证：

经审理查明，被告人刘某于2015年3月发现长江水域非法采砂利润巨大，找到被告人黄某某合谋控制垄断本市长江二桥段水域的非法采砂作业，由被告人刘某总负责，被告人黄某某负责财务并介绍、招募被告人×××等人为组织成员，逐步形成了以被告人刘某、黄某某为首的犯罪组织。该组织以被告人刘某、黄某某为首，被告人张某、李某某为组织骨干，以被告人×××等人为成员，人数多达二十余人。该组织由被告人刘某、黄某某统一指挥，还利用其社会关系调集数十人参与作案，其组织的活动能量巨大。为了便于作案和控制组织成员，被告人刘某和黄某某对该组织成员实施严格的管理和控制。

2015年3月以来被告人刘某、黄某某为牟取暴利，组织被告人×××等人，通过威胁、敲诈、勒索、打砸、驱赶、拦截、寻衅滋事等手段，垄断控制长江二桥段水域的非法采砂作业，该组织为达到在该水域的非法采砂市场称霸一方、攫取最大经济利益的目的，通过实施有组织的寻衅滋事、敲诈勒索等违法犯罪活动，欺压群众，严重影响了长江的生态环境和堤防安全，破坏了当地的航运秩序、经济秩序和社会生活秩序。该组织长期以来非法控制长江水域地下采砂行业牟取暴利，企图通过武力逃避并取代政府执法部门行使行政职能，扮演"地下执法者"的角色，严重损害政府部门形象和公信力。

该组织通过有组织地实施寻衅滋事、敲诈勒索等违法犯罪活动，对长江某段水域非法采砂施加影响，逐步树立淫威，来达到称霸一方的目的。该组织以暴力或以暴力为后盾，通过垄断控制长江某段水域非法采砂作业，收取保护费等手段，共敲诈勒索计2381余船次，聚敛钱财达173万余元。截至2016年2月被告人刘某、黄某某各分得赃款15万元。

该组织将获取的部分经济利益，用于支撑该组织的违法犯罪活动，为组织的发展壮大，提供了经济保障。2015年5月至2016年3月支付费用25580元用于提供团伙成员购买香烟，

2015年5月至2016年3月支付费用42485元用于提供团伙成员威胁、敲诈、勒索、打砸、驱赶、拦截、故意损毁公私财物、寻衅滋事非法采砂船只后的聚餐和饮食，2015年5月至2016年3月支付费用24400元用于团伙成员聚餐时购买酒水，2015年5月至2016年3月以每月3万元的租金租用"拖2177"拖轮用于实施违法犯罪活动，2015年中秋节期间花费5356元购买月饼，1000元购物卡用于发放福利，2015年5月至2016年3月支付专门实施违法犯罪的团伙成员工资198000元，2015年11月以930元购买六件大衣发放给团伙成员用于夜间在江面上实施犯罪活动时抵御寒冷穿戴，为了笼络团伙成员，2016年春节，给被告人×××等人每人发放了3000元红包，给其他被告人每人发放了1000元红包，2015年5月至2016年3月每月支付工资2000元给食堂工人、每周支付1000元用于提供统一午餐的买菜费用。

为了确立组织强势地位，实现组织利益最大化，该组织通过暴力、威胁、驱赶、打砸、滋扰、故意损毁公私财物等手段，在二七长江大桥至天兴州长江大桥段水域，有组织地实施寻衅滋事、敲诈勒索等违法犯罪活动，并致1人轻伤，1人轻微伤。该组织有组织的暴力犯罪，给二七长江大桥至天兴州长江大桥段水域社会治安、航运秩序、堤防安全、经济秩序和生态环境造成严重危害，社会影响恶劣。

本院认为，被告人刘某伙同被告人黄某某，纠集、网罗被告人×××等人，形成较为稳定的，有明确的组织者、领导者，骨干成员基本固定，人数较多的犯罪组织。该组织通过违法犯罪手段或其他手段获取经济利益，有一定的经济实力，以支持该组织活动，并通过暴力、威胁、滋扰、打砸、驱赶等手段，有组织地进行违法犯罪活动，在本市二七长江大桥水域，对非法采砂行业形成了非法控制，给二七大桥水域社会治安、航运秩序、堤防安全、生态环境、经济秩序造成严重危害。该组织特征符合黑社会性质组织的构成要件。

判决书的查明事实部分，分别对犯罪组织的犯罪行为事实从组织特征、行为特征、经济特征和危害性特征四个方面进行了表述，本院认为部分，对定性也从四个方面进行论理，特征分明，论证充分，定量陈述与定性分析前后照应。

（三）证据的"三性"

《最高人民法院关于加强和规范裁判文书释法说理的指导意见》第四条规定：裁判文书中对证据的认定，应结合诉讼各方举证质证以及法庭调查核实证据等情况，根据证据规则，运用逻辑推理和以经验法则，必要时使用推定和司法认知等方法，围绕证据的关联性、合法性和真实性进行全面、客观、公正的审查判断，查明证据采纳和采信的理由。首先，要符合证据规则，证据的取得来源合法；其次，证据与案件的事实和法律关系有内在的关联性，能够证明是或者非、此或者彼；最后，证据之间相互印证形成锁链，也即证据本身要具有真实性。比如微信证据的认定同样需要满足证据的"三性"。首先是真实性，需要提供聊天记录的打印件，还需要出示手机聊天记录的原始载体，或者采取公证的形式，对聊天记录进行真实性的确认；若对方提出真实性的质疑，需要提出异议理由，确有理由的，可以申请对此进行鉴定。其次是合法性，因电子证据不易保存，易修改，甚至毁损、灭失，在当事人自行取证时，必须按照法定程序提供手机核对；若存在障碍或者困难，可以书面申请法院取证。最后是关联性方面，需要审查聊天记录的双方与案件具有关联，并且聊天内容能够证实待证事实。

示例（摘录）：

某省高级人民法院刑终×××号刑事判决书中，对被告人微信交流运输毒品的证据进行确认：

原审认定：2014年11月，被告人魏××获悉在孝感市生活的朋友被告人江×有毒品销售渠道，便决定通过江×贩卖毒品牟利，江×表示同意。同年12月1日，魏××从湖南省株洲市乘车至云南省勐海县，通过一名叫"阿红"的男子购买了4大包甲基苯丙胺片剂（俗称麻果）后返回湖南。同年12月8日，魏××电话通知江×自己准备将在云南购买的甲基苯丙胺片剂运至孝感贩卖。随后，江×让被告人章×联系被告人陈××，陈××表示愿意购买。

……

2014年12月10日23：01，陈××（微信名字HY）给章××（微信名字萌宠er、）发微信。HY：在干什么？萌宠er、：马上去看东西。HY：恩，看好了赶紧确定数字。萌宠er、：好，明白。先试东西。先把质量关。HY：恩，等你消息，尽快。萌宠er、：好好。在路上了。（此后公安人员接管了章某的手机）2014年12月11日0：01，HY：什么情况？萌宠er、：在谈。HY：恩。萌宠er、：等下那里宵夜。HY：我在雨季。我在吃麻辣烫。请你吃。萌宠er、：货不错，等下我是过来，还是找地方等。HY：过来。0：20，萌宠er、：你那准备好了么，我直接带过来，这边可以搞定。HY：多少？？萌宠er、：现在总共带了4个。HY：恩，那好。萌宠er、：货都带过来？还是附近找地方。外地车来你那里宵夜好不好。HY：这有什么不好？萌宠er、：那我等下过来，你准备下等我。HY：准备好。萌宠er、：好。0：58，HY：多久到。我在KTV这边等你。1：06，萌宠er、：来的路上。HY：怎么不接电话？萌宠er、：送完人电话你。1：12，HY：要多久？要是现在不是很方便就改天再约？？1：19，HY：？？？。萌宠er、：十分钟。文化路。等下我。HY：你怎么不接电话？是不是不方便，不方便就算了。萌宠er、：有人也要这些货。HY：那是什么意思？到底做不做？萌宠er、：做。HY：接电话。萌宠er、：我在推。HY：你不方便那算了。这是个什么意思?

第二节 裁判文书的论证逻辑

裁判文书有其独特的逻辑属性，包括逻辑关系和推导过程都必须遵从法律精神和法律原则，裁判认定的事实必须是有证据佐证的法律事实，裁判的结果必须依据法律条文。我们经常说"罪刑法定""法无禁止皆可为"，意思是说法律没有明文规定为犯罪的行为不能认定为犯罪行为，法律没有禁止的行为任何有行为能力的人都可以作为。裁判文书的逻辑关系通过诉请—查明事实—认定法律责任的推导过程呈现。本书前面章节已经阐述过，裁判的过程就是证明的过程，通过逻辑推导得出唯一的法律后果。按照刑事、民事、行政案件分类，各类裁判文书又有各自的论证逻辑。

裁判文书的论证与说理对培养公民的法律意识有着无可替代的作用，也是落实司法为民、反映民众意见的综合体现。在提高公众法律意识的前提下实现判决与公众意见相统一，更需要通过裁判文书的论证与说理来体现，民众的法律意识会在与自己现实生活密切相关的具体判例中培养起来，对裁判文书的合理论证与说理，让社会和民众相信判决的公正与合理，从而接受判决内容，对进一步提高公民法律知识和法制教育起到积极的作用。

一、刑事裁判文书论证中的逻辑

（一）刑事裁判文书论证的重要性

刑事疑难案件和被告人不认罪犯罪案件裁判文书的论证与说理，对挽救和教育罪犯尤为必要。因为疑难案件和被告人不认罪犯罪案件的裁判不仅有诸多法外因素渗透，还面临着价值判断的挑战。如果裁判文书的论证与说理充分，依据法庭查证的事实和证据依法作出的裁判，被告人就会自动放弃狡辩，认罪、服判，也可避免案件的上诉和申诉，真正达到挽救和教育罪犯的目的。

裁判文书的论证与说理对促进法官司法实务水平提高，推进法官的职业化进程有着积极的意义。在当今依法治国普及公民法律知识的背景下，公民的法律意识在不断提高。社会对职业性法官的呼声更加强烈，对法官能否公正司法、严格执法的社会监督力度也在不断加强。所以，裁判文书是代表国家行使审判权的重要标志，法官司法实务水平的提高反映在裁判文书的论证与说理中极为重要。真正将裁判文书提高到新的水平，需要法官具有驾驭法庭审判的能力，而且具有研究、推理、分析、判断、解决各种复杂疑难案件的能力，还要具有演绎、归纳、论证、说理的文字功底，将所审结的案件以规范的法律用语，简捷的文字方式，论证讲理地在裁判文书中表达出来，展现出一份让社会和公众信服、公正、具有司法权威的裁判文书，才能提高法院的社会公信力，真正实现司法为民、公正司法的目的。

（二）刑事裁判文书论证的方法

裁判文书论证的前提离不开审判活动，法院只有依法对个案进行审判以后才能作出结论性的裁判结果。

审判活动中经过法庭审理查明的案件事实是制作裁判文书的基础。裁判文书要尽可能反映庭审活动的全过程，要以庭审中依法查明的事实和证据为根据来制作裁判文书。它除了在文书格式上采取《最高人民法院刑事诉论文书样式》的规定制作外，在内容上应当全面反映庭审活动。目前，有个别裁判文书强调要张扬法官的个性，脱离样式的规定任意将裁判文书的制作混同于撰写学术论文，追求长篇大论式的风格；有的根本就不进行论证、说理，过于简单化，不区分个案事实情节，以至于裁判文书任意制作，失去了法律的严肃性。裁判文书的制作一定要根据个案情况，该长则长，该短则短，而且能短则短，长短相宜。

裁判文书应全面客观地反映控辩双方的意见。除自诉案件外，绝大部分刑事案件是由检察机关代表国家支持公诉，指控的犯罪事实经过公安机关和检察机关的调查取证，收集了大量有关指控被告人犯罪的证据，在列举公诉机关指控的犯罪事实中，把指控被告人犯罪的手段、行为、目的和在犯罪中的作用综合叙述，并简要列举向法院提供的主要证据和适用法律、请求事项等，防止出现照抄起诉书全文，不进行归纳叙述的做法；对于被告人的陈述、辩解和辩护人的辩护意见，应当在裁判文书中对辩方提出的无罪、罪轻、从轻、减轻和免除处罚的辩护观点全面客观地反映，综合辩护的主要论点及有争议的事实和证据要进行具体分析、列举，以充分体现控辩式的审理方式，突出依法论理进行充分论证。

审理查明的事实是法院裁判文书的核心，是判决的基础。刑事判决书首先要把事实叙述清楚。要对查明事实进行归纳性论证，要层次清楚，重点突出。应当写明案件发生的时间、地点，被告人的动机、目的、手段，实施行为的过程、危害结果和被告人在案发后的表现，按时间先后顺序叙述，一人犯数罪的应当按罪行主次的顺序叙述；一般共同犯罪案件，应当以主犯为主线进行叙述；集团犯罪案件，可以先综述集团的形式和共同的犯罪行为，再按首要分子、主犯、从犯、胁从犯或者罪重、罪轻的顺序分别叙述各个被告人的犯罪事实。并以是否具备犯罪构成要件为重点，兼叙定性处理的各种情节，把在庭审中查明的事实作为认定案件的充分根据和理由。案件事实未经法庭调查的，没有证据证实的，有重大分歧的，在认定事实上不能采纳。

示例（摘录）：

WH市JH区人民法院（20××）×××刑初×××号刑事判决书说理部分，对主犯、从犯，罪重、罪轻等定罪量刑情节进行充分论证，以与量刑部分的表述形成从犯罪事实到定罪量刑的推演逻辑。

本院认为，被告人刘×伙同被告人黄××，纠集、网罗被告人张×、李××、曹×、石×、陈×1、张×、黄×、左×、郭××、徐××、胡××、李×、汤××、陈×2等人，形成较为稳定的犯罪组织，有明确的组织者、领导者，骨干成员基本固定，人数较多。该组织通过违法犯罪手段或其他手段获取经济利益，有一定的经济实力，以支持该组织活动，并通过暴力、威胁、滋扰、打砸、驱赶等手段，有组织地进行违法犯罪活动，在本市二七长江大桥至天兴州长江大桥水域，对非法采砂行业形成了非法控制，给长江二七大桥至天兴州大桥水域社会治安、航运秩序、堤防安全、生态环境、经济秩序造成严重危害。该组织特征符合黑社会性质组织的构成要件。对于黑社会性质组织的组织者、领导者，应当按照其所组织、领导的黑社会性质组织所犯的全部罪行处罚；对于黑社会性质组织的参加者，应当按照其所参与的犯罪处罚。

被告人刘×是该黑社会性质组织的组织者、领导者，应对其组织成员为组织利益实施的寻衅滋事、敲诈勒索等全部犯罪负责。被告人刘×还直接策划和纠集多人多次随意殴打他人，情节恶劣；追逐、拦截、恐吓他人，情节恶劣；任意损坏公私财物，情节严重；敲诈勒索公私财物，数额特别巨大。其行为已分别构成组织、领导黑社会性质组织罪、寻衅滋事罪、敲诈勒索罪。被告人刘×在敲诈勒索犯罪中起主要作用，系主犯。

被告人刘×在判决宣告以前一人犯数罪，应当实行数罪并罚。

被告人黄××是该黑社会性质组织的组织者、领导者，应对其组织成员为组织利益实施的寻衅滋事、敲诈勒索等全部犯罪负责。被告人黄××还直接策划和纠集多人多次随意殴打他人，情节恶劣；追逐、拦截、恐吓他人，情节恶劣；任意损坏公私财物，情节严重；敲诈勒索公私财物，数额特别巨大。其行为已分别构成组织、领导黑社会性质组织罪、寻衅滋事罪、敲诈勒索罪。被告人黄××在敲诈勒索犯罪中起主要作用，系主犯。被告人黄××在判决宣告以前一人犯数罪，应当实行数罪并罚。

被告人张×积极参加黑社会性质组织，多次参与了随意殴打他人，情节恶劣；追逐、拦截、恐吓他人，情节恶劣；任意损坏公私财物，情节严重；敲诈勒索公私财物，数额特别巨大。其行为已分别构成参加黑社会性质组织罪、寻衅滋事罪、敲诈勒索罪。被告人张×在判决宣告以前一人犯数罪，应当实行数罪并罚。被告人张×在敲诈勒索犯罪中起次要和辅助作用，系从犯，应当减轻处罚。被告人张×刑罚执行完毕后五年内又犯应当判处有期徒刑以上刑罚之罪，系累犯，应当从重处罚。

被告人李××积极参加黑社会性质组织，多次参与了随意殴打他人，情节恶劣；追逐、拦截、恐吓他人，情节恶劣；任意损坏公私财物，情节严重；敲诈勒索公私财物，数额特别巨大。其行为已分别构成参加黑社会性质组织罪、寻衅滋事罪、敲诈勒索罪。被告人李××在判决宣告以前一人犯数罪，应当实行数罪并罚。被告人李××在敲诈勒索犯罪中起次要和辅助作用，系从犯，应当减轻处罚。

证据论证是裁判文书中认定事实的依托。证据的采纳应当以庭审经法庭举证、质证的证据为前提，要注意通过对证据的具体分析认证来证明判决所确认的事实。对一审公诉普通程序审理的"被告人认罪案件"和适用简易程序审理的公诉案件，此类案件均是以被告人认罪为前提，附带相应的适用条件，被告人对犯罪事实供认不讳，不持异议，应当在裁判文书证据部分尽量予以简化，对证据的具体内容无需再行系统论证，可以仅就证据的名称及所证明的事项作出说明即可。

相对于疑难案件和被告人不认罪案件的裁判文书，不但要引用证据的名称及所证明的事项，还要对证据的来源和证明的主要内容进行列举，并以论证的方法归纳引用，应当将能够证明案件事实的证据运用到裁判文书中，尽量使用法律术语，并注意语言精炼。要防止并杜绝抽象、笼统的说法或者用简单罗列证据的做法。引用证据和论证时，切忌说空话、套话，要论点明确、论据充分又不失证据的原意，全面反映案件的真实情况。适用速裁或简易程序审理的案件裁判文书也应该保留对定罪量刑证据的简要表述。

示例（摘录）：

WH 市 JH 区人民法院（20××）×××刑初×××号刑事判决书，因被告对犯罪事实供认不讳不持异议，判决书简化。

公诉机关 WH 市 JH 区人民检察院。

被告人李×，男，1987 年 6 月 2 日出生，公民身份证号码（省略）。因涉嫌犯危险驾驶罪于 2018 年 8 月 15 日被刑事拘留，同月 22 日被取保候审。

公诉机关指控被告人李×犯危险驾驶罪。本院适用刑事案件速裁程序，实行独任审判，公开开庭审理了本案。

公诉机关指控：被告人李×于 2018 年 8 月 15 日 0 时许，酒后驾驶一辆车牌号为×××的灰色某牌小型汽车，沿本区青年路由南向北行驶至地铁站 D 出口处时，遇公安人员例行检查被查获，经现场呼气式酒精检测仪检测，被告人李×呼气中酒精含量为 120mg/100ml；根据公安机关现场血液取样后的司法鉴定意见认定，被告人李×血液中酒精含量为 135.04mg/100ml，属醉酒驾驶机动车。公诉机关认为，被告人李×具有归案后如实供述罪行的处罚情节，建议判处被告人李×拘役二个月，缓刑二个月，并处罚金人民币五千元。

被告人李×对指控事实、罪名及量刑建议没有异议且签字具结，在开庭审理过程中亦无异议。

本院认为，公诉机关指控被告人李×犯危险驾驶罪的事实清楚，证据确实、充分，指控的罪名成立，量刑建议适当，应予采纳。在查明犯罪事实的基础上，被告人李×具有归案后如实供述罪行的量刑情节。综合被告人李×醉酒驾驶机动车时血液中的酒精含量、对社会的危害程度、犯罪主观恶性以及归案后的悔罪表现，将其置于社会监督下，没有再犯罪的危险，宣告缓刑对所居住社区没有重大不良影响，可以对其宣告缓刑。依照《中华人民共和国刑法》第一百三十三条之一第一款第（二）项，第六十七条第三款，第七十二条第一款、第三款，第七十三条第一款、第三款，第五十二条，第五十三条第一款的规定，判决如下：

被告人李×犯危险驾驶罪，判处拘役二个月，缓刑二个月，并处罚金人民币五千元。

（缓刑考验期限，从判决确定之日起计算）。

证据要尽力写得明确、具体。应当因案而异。案件简单或者控辩双方没有异议的，可以集中表述；案件复杂或者控辩双方有异议的证据要进行具体分析、认证，庭审举证、质证、认证的过程也应在裁判文书中反映出来，裁判文书要突出依法论理进行充分论证。一人犯数罪或者共同犯罪案件，还可以分项或者逐人逐罪叙述证据或者对证据进行分析、认证。对控辩双方没有争议的证据，在控辩主张中可不予叙述，以避免不必要的重复。

（三）刑事裁判文书论证的要求

刑事裁判文书的理由是将犯罪事实和判决结果有机联系在一起的纽带，是判决的灵魂，是人民法院对个案审理后作出的综合性结论。其核心内容是针对案件特点，运用法律规定、政策精神和犯罪构成理论，详细阐述公诉机关的指控事实和罪名是否成立，辩护方所辩护和辩解理由是否符合案件事实，最终得出被告人的行为是否构成犯罪，犯何种罪的结论性判决结果。所以，裁判文书理由部分的论证与说理决定着全案的定罪量刑。

在判决理由论证中，要结合我国《刑法》的有关规定和犯罪构成理论，全面阐述被告人的行为是否触犯了我国《刑法》明文规定的犯罪条款和犯罪构成的要件，要将犯罪的性质、侵犯的对象、实施的手段及造成的危害结果进行说理性的论证，并对被告人的行为是否构成犯罪以及被告人在犯罪中的作用，从重或者从轻处罚意见都明确表述。防止只引用法律条文，不阐明适用法律的道理。在确定罪名时，应当以《刑法》和《最高人民法院关于执行〈中华人民共和国刑法〉确定罪名的规定》为依据。对一人犯数罪的，一般先叙述重罪，后定轻罪；在共同犯罪案件中，应在分清各被告人在共同犯罪中的地位、作用和刑事责任的前提下，正确确定罪名。

公诉机关指控的罪名是否成立，指控的犯罪事实和法庭审理过程中出示的证据是否被采纳，要进行综合性论述。对于法庭审理中公诉机关提供的证据没有当庭得到认证的，判决书中在证据部分已予采纳和引用的，在理由中应当作出明确的答复。特别是对于起诉的内容与案件事实不符，判决的结果改变定性，或者证据不足、事实不清将要判处无罪的案件，要充分依据事实和法律，全面阐述改变定性和无罪的理由，摆事实、讲道理，说理力求透彻，逻辑严密，无懈可击，使理由具有较强的思想性和说服力，真正做到维护法律的尊严和保护无罪的人不受刑事追究。

示例（摘录）：

2019年6月20日，CQ市第三中级人民法院对杀害狱警、刺伤法官的被告人曾×作出的一审判决说理部分论理充分准确，推导过程逻辑严密。特别是对犯罪行为的主观恶性和社会危害性的表述，彰显了刑事判决的震慑作用，具有较强的思想性和说服力。

本院认为，被告人曾×持刀捅伤田×腿部，致田×轻伤，持刀捅伤刘×胸、腹部，致刘×死亡，其行为已分别构成故意伤害罪和故意杀人罪，且危害后果极其严重。公诉机关指控的罪名和事实成立。曾×一人犯数罪，依法应当数罪并罚；曾×曾因故意犯罪被判处有期徒刑以上刑罚，刑罚执行完毕以后，在五年内故意再犯应当判处有期徒刑以上刑罚之罪，系累犯，依法应当从重处罚。曾×曾因抢劫、寻衅滋事等暴力犯罪多次被判处刑罚，经过数次改造，仍屡教不改，刑满释放后仅十余天再次犯罪，人身危险性极大。曾×为报复而蓄意持刀伤害依法履职的法官田×，其行为是对法律权威的挑战，对法律尊严的藐视。曾×为抗拒抓捕,使用极具杀伤性的单刃尖刀刺死见义勇为的监狱民警刘×,社会影响极其恶劣。曾×故意伤害田×、故意杀害刘×的地点为 NC 区两条主干道的人行道旁,行凶时间为人流量及车流量较大的中午,且在公安机关围捕过程中持刀拒捕,严重破坏社会秩序。曾×在证据面前否认蓄意报复法官田×,否认具有杀害刘×的主观故意,且对被害人及其亲属受到的伤害未作任何赔偿,既不认罪,亦不悔罪。

对被告人及其辩护人所提供的证据和辩护意见应当有分析地表明是否予以采纳,并阐明理由。如果被告人具有从轻、减轻、免除处罚情节的,应当分别或者综合予以认定。对被告人的辩解和辩护人的辩护与案件事实相悖,法庭不予采纳的意见,应当按照事实和证据予以说理性地驳回。防止不说理或者采取不答复的做法,避免引起辩护方对裁判结果的不信任,进而以此为由提起上诉、申诉。

示例(摘录):

最高人民法院对张××案的死刑复核刑事裁定书说理部分,根据事实和证据予以说理性的驳回,同时主动回应公众和舆论的关切点,从而发挥裁判大力弘扬社会主义核心价值观的示范作用。

本院认为,被告人张××故意非法剥夺他人生命,其行为已经构成故意杀人罪。张××故意焚烧他人车辆,造成财务损失数额巨大,其行为又构成故意毁坏财物罪。被害人王某2因伤害罪致死张××之母已经受到法律制裁,张××却为此心怀怨恨,加之工作、生活多年不如意,在其母被害21年以后蓄意报复王某2及王的父兄,精心策划犯罪,选择除夕之日当众蒙面行凶,持事先准备的尖刀分别切割、捅刺王某2及王的长兄王某3的颈部、胸腹部等处数下,且犯罪过程中有追杀王某3的行为和二次加害王某2的行为,后又闯入王某2之父王某1家中,捅伤王某1胸腹部、颈部等处数刀致死,主观恶性极深,犯罪情节特别恶劣,社会危害性极大,后果和罪行极其严重,应依法惩处。张××杀死王某1父子三人后，为进一步发泄怨恨又毁损王某3家用轿车，造成财物损失数额巨大，亦应依法惩处。对张××所犯数罪，应依法并罚。张××犯罪以后自动投案，如实供述自己的罪行，系自首，但根据其犯罪的事实、性质、情节和对社会的危害程度，依法不足以对其从轻处罚。对一审判决、第二审裁定认定的事实清楚，证据确实、充分，定罪准确，量刑适当。审理程序合法。依照《中华人民共和国刑事诉讼法》第二百四十六条、第二百五十条和《最高人民法院关于适用〈中华人民共和国刑事诉讼法〉的解释》第三百五十条第（一）项的规定，裁定如下：

核准陕西省高级人民法院（2019）陕刑终60号维持第一审对被告人张××以故意杀人罪判处死刑，剥夺政治权利终身；以故意毁坏财物罪判处有期徒刑四年，决定执行死刑，剥夺政治权利终身的刑事裁定。

二审刑事裁判文书要针对上诉、抗诉所提出的意见和理由，进行全面的分析、论证。详细阐明一审原判认定的事实、证据和适用的法律是否正确，用说理的方法对上诉、抗诉的意见进行综合叙述，提出采纳或驳回的理由要具体、充分，有理有据，实现裁判的终结效果。

二、民商事裁判文书论证中的逻辑

（一）民事裁判文书容易出现的论证逻辑问题

缺乏说理性。许多民事裁判文书的说理肤浅有的只有一两句短语和结论，没有根据和理由。对当事人诉辩主张不予支持的，简单地以"没有事实和法律根据，故本院不予支持"取代说理。有的法律文书故意回避当事人争议焦点，对诉、辩理由视而不见，或避重说轻，该讲的道理不讲，适用某法律规定的理由不说，更没有对法条包含的法律精神进行必要的解释，而只是堆砌法条。裁判文书所能体现的是合议庭或独任审判员对案件事实的认识情况，而不能反映当事人的诉求和答辩意见，有时甚至由于归纳不准确，遗漏当事人提出的主张和理由或偏离了当事人本来的主张，从而使当事人对民事裁判文书内容的公正性产生怀疑。

缺乏针对性。有的民事裁判文书能说些道理，但是针对性不强，没有针对案件的特性和诉辩双方意见展开说理，反映不出诉讼过程中法官与当事人的"对话"过程，只有法官的意见，没有反映当事人的诉辩理由，导致裁判文书论理雷同，程式化、概念化，体现不出个案的特点及法官的裁判能力。如"以上事实有当事人提供的合同、付款凭证、企业登记资料、证人证言以及本院的法庭笔录足以证实"等这样一段公式化的语言。而对当事人举证、质证和法庭认证的具体情况，则没有在判决书中体现，使当事人对判决书所认定的事实产生怀疑。

缺乏逻辑合理性。表现在不少裁判文书的内容是叙述事实、罗列证据加上适用的法律，没有反映出证据、事实和法律三者之间的逻辑关系。证据和事实之间缺乏论证，事实和法律适用之间缺乏分析。有的裁判文书的叙事、说理、裁决主文之间甚至相互矛盾，责任认定与事实叙述脱节，不能自圆其说，更谈不上推理的严密性，使得判决结果的形成过程很不清晰。

缺乏概括性。有的法律文书为担心概括表述中会有遗漏，就全盘复制当事人的诉状和答辩状以及当事人当庭陈述，字数多、篇幅长，动辄下笔千万言，一份判决书写上十几页、几十页，却不能说明道理。是是非非仍不知所云，当事人也看不明白。民事裁判文书改革，就是要将千篇一律的"套话""空话"变成个案分析的真话、明话。

缺乏透明性。民事裁判文书的结果中法官的意见不公开，导致责任无法落实。在民事裁判文书中最重要的说理部分，是以"本院认为……"的方式进行表述，对争议作出结论时，用的是法院集体的名称，而不是直接表述办案法官或合议庭的意见，当事人和社会公众都不知道、不了解这是不是办案法官的真实意图，因此有人说这是审判过程中的最后一个"暗箱"。其结果就使合议庭徒有虚名，合议制流于形式，审判的质量难以保障，最后责任无法真正落实。

缺乏明晰性。民事裁判文书中的主文表述不明晰。有的当事人在诉讼中有多项请求和争议，如返还财产、支付金钱以及赔偿损失。有的损失可能有多项，如医疗费、护理费、营养费、生活费、抚养费以及精神损害赔偿等。在有些民事裁判文书中主文只有一个额总数，使当事人难以了解数额的来源和构成，既不便于执行程序中的分项执行，也不便于当事人上诉权和上级法院审判监督权的行使。

裁判文书作为法律行为的一种宣示，"说理"是其灵魂。裁判文书的"理"应该体现在事实论证和对法条的适用、解释上。除此之外，还要在对当事人诉辩的归纳、法律文书语言方面进行规范。

（二）民事裁判文书论证的方法

1. 概括当事人"诉辩"主张的原则

坚持准确原则。就是要准确反映当事人的意见和主张，不能偏离、甚至违背当事人的意思，不能夹杂法官的主观臆断。就是说要完全将当事人的意见和主张显示在法律文书之上，当然概括和调整，甚至修改其不合规范的语言是必需的，但是不能违背当事人的原意。

坚持全面原则。就是在撰写诉辩称时要将起诉状、答辩状（反诉状）的内容，当事人及其诉讼代理人的陈述意见等全部表达出来。对于当事人在整个诉讼过程中提出的每一个请求事项，所表达的主张及理由全部表现出来。因为诉讼是一个动态的发展过程，当事人的诉求与主张往往存在前后变化，不能顾此失彼。

坚持概括原则。由于当事人的诉讼能力有限，对其主张往往表述很多，却表达不清。有的案情由于新型、疑难、复杂等原因，法官难以把握当事人的具体主张和请求。有些案件当事人的诉求与抗辩内容零乱、重复、层次不清，这就需要法官进行概括，如果没有概括归纳，诉辩请求就很难把握。

坚持突出争议焦点原则。任何民事纠纷都存在一个争议焦点，抓住了争议焦点就抓住了主要矛盾，解决了主要矛盾，其他矛盾就会迎刃而解。法律文书要归纳当事人争议焦点，这个焦点不是法官自己凭空捏造的，是从"诉称""辩称"中显像的，只有找出焦点才能有针对性裁决。

2. 认定事实体现"法律真实"的证明标准

裁判文书认定的"事实"，是依据证据规则推导出的法律视为真实的事实，而不一定是"客观存在的事实"。发现事实是法官的审判任务，但审判不仅仅是为了确定过去曾经发生过什么，还有支持社会政策、节省财力和人力、取得司法制度的效益及恢复安宁等作用。出于各种因素的考虑，有时候这些价值问题可能会显得更重要，法律真实就是多重价值的客观反映。因此，对于没有证据证明的事实,即使是客观存在的,根据法定的证据规则论证后仍不能确认,也不能认定为案件事实。另外,在表述上,应该摒弃"经审理查明"这一具有浓厚职权主义色彩的用语,而代之以"综上,本院确认以下事实"的表述方式。这其实是科学地把诉讼证明责任还给了当事人,更好地体现民事审判"公正、中立"的现代司法理念。

3. 力戒机械适用法律条文

对于法条的引用,传统裁判文书几乎是毫无例外地写道"根据×法第×条的规定,判决(或裁定)如下",而如果表述为"据此(或综上理由),判决如下",被认为是"没有法律依据",笔者认为,这是对引用法条的误解。实际上,引用法条目的是解释、适用法条,把法条蕴涵的法律精神融化在判决理由之中。我们知道,法律规范是以直言判断形式为假设条件的,例如,《民法典》第一千零七十九条规定了准予离婚的五种情形,概括之就是"夫妻感情破裂的,准予离婚",显然该判断的潜判断是"夫妻感情没有破裂的,不准离婚",法律规范中不再画蛇添足地写"感情没有破裂的应驳回离婚请求"。当不能认定夫妻感情破裂事实,判决不准离婚时,就不要表述为"根据《民法典》第一千零七十九条的规定判决如下",而应该论述法定应予离婚条件,原告主张的理由不符合离婚条件后,直接表述为"综上理由,判决如下",这是科学的。

当然,离婚案件也是法院审理案件中唯一涉及男女情感的,离婚案件判决书,不论是准予离婚还是不准予离婚,都可视具体案件,适度谨慎地对当事人双方在婚姻生活中的是非、得失进行评判,也可以对当事人双方给出基于提升家庭美德修养的指引,但应遵从裁判文书严谨、严肃的文体要求,不可过多的渲染。

网上热传的"鸡汤"离婚判决书这样表述:本院认为,婚姻关系的存续是以夫妻感情为基础的,原、被告从同学至夫妻,是一段美的历程;众里寻他千百度,蓦然回首,那人却在灯火阑珊处。令人欣赏和感动。若没有各自性格的差异,怎能擦出如此美妙的火花?然而生活平淡,相辅相成,享受婚姻的快乐和承受生活的苦痛是人人必修的功课。人生如梦!(本应彼此珍惜)当婚姻出现裂痕,陷于危机的时刻,男女(夫妻双方)均应该努力挽救,而不是轻言放弃,本院极不愿意目睹劳燕分飞之哀景,遂给出一段时间,以冀望恶化的夫妻关系随时间流逝得以缓和,双方静下心来,考虑对方的付出和艰辛，互相理解和支持，用积极的态度交流和沟通，用智慧和真爱去化解矛盾，用理智和情感去解决问题，不能以自我为中心，更不能轻言放弃婚姻和家庭，珍惜身边人，彼此尊重与信任，（进而）重归于好。综上所述，依照《民法典》第一千零七十九条之规定，判决如下：不准予原告黄某与被告王某离婚。

这份文书除了遣词造句繁复堆砌，还使用了不符合裁判文书文体的抒情手法，但也不是一无是处，如果稍加修正，比如加上括号里的部分，还是有可取之处的。类似于夫妻和好、手足互谅的劝导之辞，也可以运用法官判后释明的方式表达。

（三）民事裁判文书论证逻辑的要求

目前，民事判决书的样式主要是由首部、事实、理由、判决结果和尾部五个部分组成。笔者认为，除保留首部、判决结果和尾部不变外，事实和理由部分要改，并应将原判决书样式中的"事实部分"和"理由部分"，分别改称为"当事人诉争部分"和"法院审理部分"。

1. 当事人诉争部分

当事人诉争部分应当着重写明当事人的诉讼请求、争议的事实和理由，以及当事人所提供的证据、当事人对证据的意见和争议的焦点。法院认定的事实和证据在这里不再表述。其具体如下：

第一，原告诉称，即原告提出具体的诉讼请求和所根据的事实与理由；

第二，原告证据，即原告提出的证明事实的根据（包括向法院申请调查的证据）；

第三，被告辩称和反诉，即被告对原告提出的诉讼请求和事实、理由的辩解，以及针对原告的诉讼请求、事实和理由；

第四，被告证据，即被告提出的证明事实的根据（包括向法院申请调查的证据）；

第五，第三人的诉称，即第三人对案件的意见；

第六，原告对被告提供的证据的意见；

第七，被告对原告提供的证据的意见；

第八，当事人争议的焦点问题。

对于当事人的诉讼请求、争议的事实和理由以及证据的列举，应当全面、客观、准确地进行叙述。特别是对于证据的列举，更应当逐一进行编号，并

——加以全面、客观、准确的表述。

2. 法院认为部分

法院审理部分主要应当写明法院对当事人的证据进行分析论证和对案件事实的认定，以及法院根据事实和法律对案件定性的看法。

具体如下：

第一，法院对当事人证据的分析与认定；

第二，法院对事实的认定和分析定性，以及当事人的责任和解决纠纷的看法。

该部分的制作应当着重突出"简明扼要、精辟准确"八个字，切忌冗长和不必要的重复。要通过对证据的分析和事实的认定，向当事人和社会传递法院裁决所依据的事实是法律事实，而不是客观事实。同时向当事人和社会表明，法院的裁决是在当事人提供证据的基础上进行的居中裁决。

民事审判模式制约着民事裁判文书的样式、内涵和标准。民事裁判文书的改革成功依赖于对民事审判模式的改革成功。只有当事人主义的审判模式才能真正体现程序正义；只有程序正义的审判模式才能保证法官真正的独立审判；只有法官真正的独立审判才有裁判文书充分说理的可行性；只有充分的制度支持才能保证民事裁判文书的充分说理；只有充分说理的民事裁判文书才能体现司法的公正、公信力，才能承载起司法权威。

三、行政裁判文书的论证逻辑

行政裁判文书是指人民法院依照《行政诉讼法》规定的程序，根据相关法律、法规以及参照行政规章等规范性文件的规定，解决行政争议并就案件的实体和程序问题作出处理的书面决定。众所周知，裁判文书是人民法院向当事人及社会公众展示司法公正和法院形象、法官素质的直接载体。因而，制作出高质量的行政裁判文书，是时代和社会对人民法院提出的要求，是人民法官义不容辞的神圣职责。

（一）行政裁判文书容易出现的论证逻辑问题

1. 没有充分体现行政诉讼的特点

行政诉讼不同于民事诉讼和刑事诉讼，比如合法性审查、举证责任分配、全面审查等是行政诉讼的突出特点和适用原则。就我国行政诉讼立法的目的看，它是为了实现保护行政相对人的合法权益同监督行政主体依法行政的和谐统一，并力求使双方在行政程序中权利义务的明显不平等在行政诉讼中得以适当平衡。因而，《行政诉讼法》及相关司法解释对行政主体作了许多限制性规定，同时，根据我国国情，人民法院对被诉具体行政行为进行审查时，也要遵循一定的原则。上述的限制和原则恰恰体现了行政诉讼有别于民事诉讼和刑事诉讼的突出特征。

在行政诉讼过程中，往往出现法官运用审理民事案件的方式审理行政案件，致使重点旁落，将审查被诉具体行政行为的合法性变为审理原告行为的违法性，并人为地将被告负举证责任的法定原则变为举证责任"倒置"的酌定裁量，把本应由原告胜诉的案件，却因法官制造的"举证不力"而以败诉告终。

2. 轻视程序性叙述及论理

程序叙述方面的问题，具体体现在两个方面：一是忽视程序性表述，如不表述或不全面表述自立案至开庭阶段的详细过程；二是忽视程序性论理，不表述为什么适用或不适用相关程序。

3. 归纳焦点阐述理由不充分

一些行政裁判文书在归纳当事人的争议焦点时，没能抓住重点，集中归纳，造成所归纳焦点较分散，甚至偏离方向，直接导致证据分析不力，主次不分，层次混乱，叙述缺乏逻辑性，乃至认定事实失误。还有一些行政裁判文书对裁判理由的叙述过分简略，在作出裁判结论时，要么不予论证，要么"高度概括"，分析不明，论理不透。

（二）行政裁判文书论证逻辑的方法

行政裁判文书要注重案件事实的叙述与说理。按照最高人民法院制定的92式诉讼文书样本的要求，行政裁判文书先要叙述经查明的事实后列举证据予以证明。

1. 归纳论证

在准确、完整归纳当事人争议焦点的基础上，对证据进行分析论断。在归纳当事人的争议焦点时要力求做到突出针对性，以使当事人的诉辩主张和举证之间具有衔接性。法官所归纳的争议焦点，既是对各方当事人的诉辩主张所作的总结，也是他们举证时应予遵循的目标，它能起到引导作用。因此，所归纳的焦点既要体现诉讼各方争议的关键问题，也要代表他们主张的重要事项，既不得偏离方向，更不可断章取义。在举证、质证过程中，主审法官应在对一方当事人举出的同类型证据归纳出证明目的后，再令对方当事人质异辩驳，尔后再由他方举证。主审法官通过从证据的关联性、客观性、合法性的分析论证，到是否采信进行论理，尤其对当事人争执较激烈的证据，应作为分析论证的重点对象，最终由作为可定案依据的证据推演出待定案事实。如此举证、质证、认证，更能清楚、具体地体现《最高人民法院关于行政诉讼证据若干问题的规定》的基本要求并符合规范化，同时使合议庭认定的案件事实与所采信的证据紧密联系在一起，以显示事实认定与证据采信的一致性。

2. 要表明所适用的证据规则（如非法证据排除、优势规则、推定规则、经验法则等）及其理由

在合议庭认证过程中，要针对具体案情，对选择适用相关证据规则作出分析判断，并讲明理由。同时，对当事人所举瑕疵证据也应作出分析评断，并确定相关瑕疵证据能否作为可定案的依据且叙明理由。对于当庭认定的证据应记录在合议庭笔录中。

3. 要注意事实认定的顺序

在认定事实过程中，应首先表述对被诉行政主体有无法定职权的审查结果，即该行政主体是否具有该项行政管理职权，以便于确认其作出的被诉具体行政行为的前提是否合法。此外，根据全面审查原则，对被诉具体行政行为已认定，但合议庭因证据瑕疵而未予认定的事实，也应作出相应论述。

4. 要注意适当综合

尤其对案情复杂的案件，应在对当事人无争议的事实加以概括叙述的前提下，着重对有争议事实进行详细分析论述，力争做到繁简适当，条理清晰，逻辑严谨，个性突出。

与此同时，对于当事人之间有争议且自身无力举证证明的事实，法官应当充分行使职权，根据当事人的申请或依职权及时作出调查。决不能明知案件事实不清、有疑问，而消极地放任冤假错案的发生。法官有责任、义务力求案件事实（特指客观事实）清楚。不应以当事人举证不力为由将案件错判出去，只要有可能，法官就应当将案件查个水落石出。要像"铁案法官"李

增亮那样,"视公正司法为生命,把每一件案子都办成铁案,"要以"通过自身的劳作把法律价值转化为当事人的幸福企盼"作为"人生最大的快乐"。

(三) 行政裁判文书逻辑论证的要求

针对部分行政裁判文书主文部分存在的诸如行文繁琐,判非所请,主文表述不完整不具体,缺乏履行期限等问题,笔者认为,在裁判主文部分写作时,务必做到以下几点:

一是在行文时,要使用法律语言,并应准确无误,简洁明了,以防产生歧义;

二是裁判主文必须和当事人的诉讼请求相吻合,不得扩大或缩小,也不得随意变更;

三是裁判主文表述力求完整具体,不得断章取义,任意取舍;

四是务必标明履行期限,以便被申请人拒不执行生效裁判文书时,申请人及时申请法院强制执行;

五是裁判主文部分的当事人必须用全称,以体现裁判文书的严肃性,并力戒因简称不当而引起误解。

第三节 裁判文书的逻辑思维

裁判文书以文字记录的方式,体现了法官在调查的基础上,通过法律条文的适用,去认定案件事实,确定法律关系,处分权利义务的过程。法官办案的过程依赖于一套符合法律原则和司法规律的思维逻辑,也就是说,由掌握法律理论和实务专业知识的法官,对案件中的证据进行思考判断,使与案件有关的事实得到证明,而后遵从相匹配的法律条文,得出处分当事人权利义务的结论。法官运用什么逻辑法则去思考判断案情,关系到案件的结果走向,所以掌握并正确运用相应的逻辑法则,是对一名合格法官的基本要求。

司法实践中的案件不尽相同,裁判的逻辑思维法也会因案件性质的差别各有侧重。

一、刑事、民事、行政裁判逻辑思维的区别

江必新同志在《刑事、民事、行政审判思维的不同》一文中谈到，刑事审判的首要理念是严格遵循罪刑法定原则，法无明文规定不为罪、法无明文规定不处罚。也就是法官无权填补、类推，没有法官造法、填补法律漏洞的情形。也就是我们日常所说的，刑事法官是"法官找法"，保证无罪的人不受刑法追究。

示例（摘录）：

HB省高级人民法院（20××）×刑三抗字第×××号刑事判决书

检察机关抗诉提出：

一、原审被告单位A公司和原审被告人高××、涂×、陈××、詹×、高×旭、李××、胡××、杨×从事非法金融业务，数额特别巨大，情节特别严重，严重扰乱社会主义市场经济秩序，应当以非法经营罪追究刑事责任，原审法院认定其不构成非法经营罪错误。

二、原审被告人高××、涂×、陈××在审判阶段均否认了其在侦查阶段所作供述，原审法院对其适用缓刑不当。

三、原审被告单位联谊公司、各原审被告人及辩护人提出的上诉理由和辩护意见均不能成立。

理由如下：

（一）A公司可以成为违法放贷行为和非法经营罪的责任主体。公司法和司法解释规定了"法人人格否认"制度。××典当公司、××永和公司在资金、业务、人事方面完全受制于A公司，丧失了独立意志，××典当公司和××永和公司实施的犯罪行为，应由A公司承担刑事责任。

（二）A公司和高××、涂×、陈××提出未利用银行信贷资金高利转贷牟利的辩解理由不能成立。中国人民银行提供的A公司贷款情况证明，A公司在实施6笔高利转贷事实当天，均

有上亿元银行贷款尚未归还，A公司的流动资金基本来自银行贷款。

（三）多个原审被告人供述和证人证言均证实，陈××调度资金用于放贷时，直接动用了银行信贷资金，根本没有考虑动用其他账户中的资金。辩护人提到A公司现金池充足，其自有资金超过了当日放贷数额的意见与客观事实明显不符。

（四）货币是一种特殊商品，司法会计鉴定意见将货币视为一种特殊存货，并采用移动加权平均法进行鉴定，是合理且可行的。

上诉单位A公司及其辩护人提出如下上诉理由及辩护意见：

一、原审判决认定A公司不构成非法经营罪正确，但认定事实和适用法律错误。理由如下：

（一）×生典当公司和××典当公司均是经商务部批准并依法设立的具有经营典当业务资质的公司，涉案72笔业务均为合法典当业务，而非原审判决认定的高利放贷业务。

（二）涉案72笔典当业务经营主体并非A公司，A公司未参与典当业务，原审判决否定××永和公司和××典当公司的独立法人地位，将典当业务经营主体认定为A公司错误。

（三）原审判决认定A公司不构成非法经营罪，是"基于目前法律规定的不明确性和国家金融体制大变革背景下法律政策的调整、变化等因素"，该裁判理由错误。

……

针对检察机关提出的抗诉理由及上诉单位A公司、上诉人高××、涂×提出的上诉理由和各辩护人提出的辩护意见，根据已查明的事实和已查证属实的证据，依照相关法律规定，本院综合评判如下：

一、关于非法经营罪

（一）关于检察机关提出上诉单位A公司和上诉人高××、涂×、陈××及原审被告人詹×、高×旭、李××、胡××、杨×从事非法金融业务，数额特别巨大，情节特别严重，严重扰乱社会主义市场经济秩序，应当以非法经营罪追究刑事责任，原审法院认定其不构成非法经营罪错误的抗诉理由。

经查：×生典当公司和××典当公司是经商务部审批注册成立的具有经营典当业务资质的公司，根据《典当管理办法》的规定，可以经营动产质押、财产权利质押、房地产抵押等典当业务，不得经营发放信用贷款业务。上述典当业务实质上相当于金融机构的质押、抵押贷款业务。本案中，典当公司与借款单位签订了典当借款合同、保证合同，办理了质押、抵押手续，或者采用扣留借款方提供的财产权利凭证等物品的方式来控制风险，没有发放信用贷款的情形。虽然上述典当业务存在未开具当票、部分质押和抵押未办理登记手续、当金利率过高、预扣当金利息等违规操作情形，但法律并未明确规定违规操作的典当行为或者高利放贷行为构成非法经营罪，因此，上诉单位A公司、上诉人高××、涂×、陈××、原审被告人詹×、高×旭、李××、胡××、杨×的行为不构成非法经营罪。检察机关提出的该抗诉理由不能成立，本院不予采纳。

民事审判审理的是婚姻、家庭、继承、民间借贷等纠纷，除了意思自治外还需要保护弱者，更加注重实质公平的追求，同时注重通过调解化解纷争。而商事审判涉及股权纠纷、合同争议，更为追求效益，尊重契约，着重维护自由公平竞争环境，一定程度上存在我们所述的"法官造法"，在法律规定空白的情形下，依照公平原则、社会习俗作出判决。

示例（摘录）：

WH市JH区人民法法院（20××）×民二初字第×××号民事判决书

经审理查明：2004年5月12日，原告与被告××实业公司等股东发起设立中外合资经营企业被告××公司，注册资本800万元，原告认缴出资额为人民币216万元，其中包含专利技术作价、现金、实物出资，持股权比例为27%。该公司章程第18条规定，董事会成员由各投资方委派，任期三年，经各投资方继续委派可以连任。原告出任被告××公司董事。

2004年8月15日，原告与被告××实业公司等签订《合作协议》，约定原告自2004年9月1日始，全职为被告××公司工作并担任技术总监。2004年12月31日，被告××公司与被告××实业公司收购被告武汉××公司。同日，被告××公司与被告××实业公司形成股东会决议，委派原告及章××、胡××三人担任被告武汉××公司董事，选举原告为董事长。原告兼任被告武汉××公司下设WH××肿瘤早期诊断检测中心主任。

2006年5月，被告××实业公司将其持有的被告武汉××公司的股权转让给被告××公司，被告武汉××公司成为被告××公司的全资控股子公司。被告武汉××公司章程第9条规定：公司设董事会，成员三人，由股东书面决定产生；董事任期三年，任期届满，可连选连任。

2007年9月24日，原告向被告××公司董事会递交《辞职报告》，称"由于我个人和家庭原因，申请在完成2007年的聘任工作后，辞去××公司WH××中心的职务，并解除与公司的劳动合同"。同月27日，被告××公司董事会作出决议，同意原告辞去被告武汉××公司法定代表人、总经理等职务；公司继续按原先的约定支付原告报酬至2007年12月31日；原告有责任和义务积极配合办理各项工作的交接；原告在辞去被告武汉××公司、被告××公司职务后，仍应遵守国家的相关法律规定，继续履行公司董事和股东的职责和义务。

2007年11月7日，原告向被告××公司董事会递交《辞职申请报告》，要求在2007年11月20日到期的被告××公司董事和2007年12月30日到期的被告武汉××公司董事三年任期满后，不再继续担任董事、不再履行董事职责。11月15日，被告××公司、被告武汉××公司回函称原告未完成移交工作、未全面履行股东的出资义务、应继续遵守董事和股东的职责。11月18日，原告函告二被告，在三年任期届满后不再担任董事职务。并于同日委派金×连担任被告××公司董事。2007年12月17日，被告××公司收到原告提议在十五天内召开董事会或股东会的信函，被告××公司回复改选董事的提议须在完成交接事项后择期举行。

2008年1月15日，原告就董事辞职纠纷诉至人民法院。

2008年1月30日，被告××公司召开全体股东大会，原告以未按公司章程提前三十日通知开会为由，未出席会议。该次大会决议：鉴于原告对合资公司经营的重大影响，参加会议的股东均不同意原告辞去董事职务。同日董事会决议：董事的法定任期为四年，且原告还没有完成查实和移交工作，出席会议董事一致不同意原告辞去董事职务。

本案争议焦点及本院评判如下：

一、原告能否辞去被告武汉××公司、被告××公司的董事职务？

本院认为，关于董事与所属公司之间的法律关系属于何种性质，我国公司法虽然没有明确界定，但学理上通说认为属委任关系。民法中委任关系针对委托人与受托人之间为特定事务的处理而设计，以处理特定事务为目的，受托人基于委托人的授权和指令进行相关行为。公司法中董事与公司的权利义务基于法律规定和公司章程约定，董事在履行职务时应当尽善良管理人注意义务。基于特别法没有明文规定时适用普通法规定的基本原则，在公司法对于董事可否辞职没有具体规定的前提下，应当参照民法中有关委任关系的规定进行分析和处理。

被告××公司与被告××实业公司于2004年12月31日作出的股东会决议，委派原告担任子公司被告武汉××公司董事职务；原告基于与股东的相互信任，接受委派出任被告武汉××公司董事职务。被告××实业公司将所持股份全部转让给被告××公司后，原告履行董事职责的责任主体为股东被告××公司；原告向被告××公司提出辞职申请，意思表示明确，申请辞职事项包含被告武汉××公司、被告××公司的董事职务。

有限责任公司具有人合兼资合双重属性，有限责任公司的股东之间，董事与股东之间正是基于相互间的信赖才能共同维系公司的正常经营。原告出任被告武汉××公司、被告××公司董事职务，该委任关系的成立与维系需基于双方当事人的互信与合意，具有一定的人格专属性质。因此，参照《中华人民共和国合同法》第四百一十条的规定，原告可以基于其自身的判断，自行决定接受或者辞去委任职务。

这个案件的判决依据出现了法律空白，法院参照委任关系进行了处理。

行政审判的首要审判思维是合法性审查思维，合法性审查不仅要考察行政行为是否合法，而且要考察行政行为依据的法律规范是否合法，也可以概括为"法官依法"。

示例（摘录）：

广州市中级人民法院（2011）穗中法行终字第×××号行政判决书，对广州市公安局越秀区分局行政行为的实体处理和程序依法予以审查。

2013年8月27日0时15分许，原告张××在广州市越秀区文化里1号×××房内，使用其本人笔记本电脑在新浪微博（网名：拈花笑评223，地址：http://weibo.com/lianhuaxiaofo223）上发布一篇微博，内容为："老师袁××拍《狼牙山五壮士》，电影编剧邢某去当地了解实情，村民说：这五人只不过是几个散兵游勇土八路，稍不如意就打人。由于几人手上有枪，村民们也不敢惹。后来有人想出了个办法，偷偷地把他们的行踪告诉日本人。日本人就来围剿了。村民故意引五人往绝路逃跑。"之后，原告又将该微博内容粘贴至其腾讯微博。至2013年8月29日止，原告的新浪微博中该条微博内容被转发二千多次，评论三百多条。2013年8月29日22时许，被告广州市公安局越秀区分局将原告抓获，现场缴获笔记本电脑一台，遂认定原告散布关于"狼牙山五壮士"的相关谣言，虚构事实扰乱公共秩序，告知原告拟作出处罚决定的事实、理由、依据及陈述和申辩的权利。同月30日，被告依据《中华人民共和国治安管理处罚法》第二十五条第一项及第十一条第一款之规定，作出穗公越行罚决字（2013）第03759号《行政处罚决定书》，决定对原告处以行政拘留七日，收缴作案工具笔记本电脑一台。原告对上述处罚决定不服，向广州市公安局申请行政复议。该局于2013年10月30日作出穗公复决字（2013）154号《行政复议决定书》，决定维持被告作出的上述处罚决定。原告仍不服，遂提起本案诉讼，请求撤销该处罚决定并发还电脑及赔偿。一审法院判决：一、驳回原告张××的诉讼请求；二、驳回原告张××的赔偿请求。

　　法院认为，广州市公安局越秀区分局依照《中华人民共和国治安管理处罚法》第二十五条规定作出处罚决定，被上诉人认为上诉人利用网络发布了虚构的"狼牙山五壮士"故事，歪曲革命烈士形象，在网络上造成了不良影响，构成散布谣言、扰乱公共秩序的行为，对其作出涉案处罚，符合上述规定。且被上诉人在作出行政处罚决定前，已依法向上诉人张××告知拟作出行政处罚决定的事实、理由及依据，并告知其依法享有的权利。因此原审法院以上诉人主张撤销该行政处罚并发还电脑及赔偿的请求证据不足，并无不当，本院予以支持。对于上诉人主张收缴其笔记本电脑无事实依据的问题，经审查，上诉人在询问笔录中已陈述是用自己的笔记本电脑上网并发布涉案微博，该笔记本电脑在其家里只有其一人使用，故对于上诉人的上述主张，本院不予支持。对于上诉人认为被上诉人在受案、传唤、检查、扣押、询问查证等过程中违反相关规定的意见，经审查，被上诉人已提交相关证据证明其作出涉案行政处罚的合法性，而上诉人对其主张并未提供充分证据予以证实，对此，本院不予采纳。二审予以维持原判。

　　该案通过支持公安机关行政执法行为，发挥了司法彰显社会价值、纯化道德风尚的作用，向社会传递强烈的警示信号，那就是"革命历史不容亵渎，英烈不可调侃"，在弘扬社会主义核心价值观的进程中，司法也不会缺席。

二、裁判文书说理的逻辑思维过程

说理，即所谓议事论理，是运用概念、判断、推理对事物进行综合分析的语言表达方式。说理的深刻性表现在它能够透过事物的表面现象去揭示其内在的本质，直接而鲜明地表达肯定或否定、赞成或反对的思想观点，从而起到批驳谬误、宣传真理的作用。法律文书中的说理，又叫理由，它是把对案件事实性质的认定及对案件作出处理的理由反映出来的表达方式。说理在法律文书中上承事实，下启结论，需要把对事实认定的确凿性和对案件处理的合法性表现出来，是法律文书中不可缺少的一种表达方式。

（一）认定事实的理由

对任何案件的处理，有赖于对案件性质的认定，刑事案件中犯罪嫌疑人、被告人的行为是否构成犯罪，民事案件中哪一方当事人的行为属于违法、侵权，都要有一个明确的认定。而无论认定的结果如何，都要把得出结论的理由讲清楚，以让人信服。法律文书中，对案件事实的认定，主要是依靠对证据的分析说明。所以，要反映认定事实的理由，就需在叙述完事实后，列举确凿、充分、真实而又与案件相关联的证据，通过分析说明证据与案件事实间所存在的内部联系，来认定案件的性质；认定犯罪嫌疑人、被告人的行为是否构成犯罪；认定当事人的行为是否属于侵权。这样，有确实的证据对事实予以证明，认定事实的理由就会充足，就有说服力。

示例（摘录）：

HB省高级人民法院（20××）×民申×××号民事裁定书

就借款金额事实部分存在争议。程××申请再审称，（一）原终审裁定对本案300万元借款与HB省HG市中级人民法院调解案件中的400万元借款不具有同一性的认定错误，HB省HG市中级人民法院调解案件中的400万元借款包含本案300万元借款，本案300万元借款属重复诉讼。1.400万元借条与300万元借条的时间是一致的，是同一时间由詹××出具的。2012年7月18日，詹××向吴××出具300万元借条，后因吴××将借条弄皱了不清楚，詹××于2013年1月28日将原借条收回又重新出具了借条，即本案卷宗中收录的300万元借条。

……

詹××述称，HB省HG市中级人民法院调解案件包括了本案的300万元，本案的300万元汇款单包含在HB省HG市中级人民法院调解案件的证据中，2012年7月18日的400万元借条包括了该300万元借款，李××的证言是虚假的，对汇款金额740万元予以确认。

……

本院认为，（一）关于HB省HG市中级人民法院民事调解书中的800万元是否包括本案诉争的300万元借款的问题，具体评判如下：

第一，债务人詹××及担保人程××对本案300万元借款的真实性无异议，仅认为HB省HG市中级人民法院调解案件中的800万元中的一笔400万元的借款与本案诉争借款存在重复。但在原一审庭审及一审审理过程中，詹××不仅从未提出过本案300万元借款实际已于2013年7月16日经HB省HG市中级人民法院调解处理，本案应为重复诉讼的主张，而且对该笔300万元借款的事实、借款的方式、借条的形成及提供担保的经过、原因、地点等细节在法庭上作出了详细说明。三方当事人依据庭审查明的事实当庭达成并签订了调解协议。

第二，没有证据证明本案300万元借款与HB省HG市中级人民法院调解案件中的400万元借款具有同一性。本案查明的事实表明，上述两份借条内容没有同一性：1. 两份借条载明的借款金额不一致。一份借款金额为400万元；一份借款金额为300万元。2. 两份借条形成的时间不一致。400万元借条的出具时间为2012年7月18日；300万元借条的出具时间为2013年1月28日。3. 两份借条的担保人不一致。400万元借款的担保人是××实业公司；300万元借款的担保人是程××。4. 担保人签订延期担保的时间不一致。400万元的借条上××实业公司签署的延期担保时间是2013年6月18日；300万元的借条上程×

×签署的延期担保时间是 2013 年 4 月 23 日……因此，程××关于 HB 省 HG 市中级人民法院调解案件中 800 万元已包括本案诉争的 300 万元借款，本案 300 万元借款属重复诉讼的主张缺乏事实依据，本院不予支持。

上述当事人对借款金额事实存在争议，争议焦点在于"法院调解案件中的 400 万元借款包含本案 300 万元借款，本案 300 万元借款属重复诉讼"。判决书对比两份借条内容进行说理，阐述本案 300 万元借款与法院调解案件中的 400 万元借款不具有同一性，让人心服口服。

（二）适用法律的理由

适用法律的理由，是要求讲清应当适用怎样的法律规定去处理案件，这是对案件作出最后处理的理论根据。法律文书要反映这一部分内容，就需注重对案件中行为主体所实施行为的分析，指出其行为违反或是触犯了怎样的法律规定，该怎样处理、处罚，进而再指明根据哪种法律规定，对案件作出最终的处理。有关刑事案件的法律文书，如果对被告人定罪，就要从被告人的犯罪事实出发，分析其危害后果及严重程度，同时指出所触犯的《刑法》条款和构成的罪名，最后再引用相关的法律规定，提出处理意见。这里，被告人的犯罪事实是对其适用有关《刑法》条款的理由，而其所构成的罪名，又是最终引用法律规定作具体处理的理由。在有关民事案件的法律文书中，反映适用法律的理由则要以相关的民事法律为依据，通过事理分析，明辨是非曲直，分清合法违法，明确各方的法律责任。

各类案件诉讼过程中以及各种非诉讼法律事务中，都要依据案件事实及有关法律来进行一系列说理，说服争议双方，也说服公众。在各类法律文书中，凡属于制作式的文书，都离不开说理。以立论为主，如起诉意见书、起诉书、判决书、调解书、诉状等；以驳论为主的，如抗诉书、答辩状、上（申）诉状、辩护词等。这些文书中的事实叙述部分，无论篇幅长短，就论证过程而言，都是说理的准备和基础；而其后的评断和说理，则无论文字怎样精要，也是正文的核心所在，由此作出合乎逻辑的结论。法律文书中的说理，是法律的具体运用，通过说理对案情事实进行法律的分析评断。刑事案件分析情节，定性量刑；民事、经济、行政案件则辨是非、评曲直、分清责任。

无论如何，由事实不能直接导出结论，在事实和结论之间必须有一道桥梁，便是说理。总之，没有这个说理的过程，或者说理不够充分，即使结论是正确的，也难以使人信服。

三、裁判文书的逻辑思维方法

法官在审理案件中运用的逻辑思维方法是司法逻辑的方法，与一般思维活动是不尽相同的。一个普通人在对一个事物进行判断时，他所建立的思维模型受其知识水平和世界观的影响，甚至是外部环境的影响，此时和彼时都会有差异。不同的人对同一个事物会产生不同的思维结果，如同"一千个人心里有一千个哈姆雷特"。但是，司法裁判的过程必须遵循一定的规律，在事实和证据的指引下，通过对标法律规范，即使由不同的法官审理，在定性分析上都应该得出相同的结论，自由裁量仅限于法律规范的幅度之内。之所以如此是因为，法律是一门社会科学，科学就有其自身的科学规律，虽然不同的法官能力有高低，专长各异，但他们遵循的司法逻辑思维方法是法律本身赋予的，具体运用的逻辑思维方法也要根据不同的案件性质来确定。

（一）立论法

立论就是运用证据证明论点的过程。立论的方法有多种，法律文书多用分析法、列举法、引证法。

分析法也叫因果论证法，就是通过对作为论据的基本事实进行剖析，对概念的解释进行评析，对相关问题逐层分析，来揭示论点和论据间的内在联系，从而证明自己观点的正确性，这是一种从事物的因果关系上进行论证的方法，一般是用原因来证明结果。这种议论方法常用于论辩性法律文书中。也就是根据事实和法律，深刻地讲清道理。

列举法是一种将案件的事实作为论据，在议论中将这些论据逐一列举出来，从而树立并证明自己的观点的议论方法，在法律文书中被普遍使用。比如一些文书在事实部分列举的被告人的犯罪事实和证据部分列举的证据，就是作为结论的论据出现的，经过理由部分的论证，树立该文书的论点。

引证法就是引用法律条文、法学理论、科学的公理定义以及得到社会普遍承认并遵守的常理、规范、当事人陈述、证人证言等，以论证树立自己的论点。在使用引证法时，所引用的内容一定要真实可信，经得起实践的检验。而且要注意尊重原意，尊重原文，切不可歪曲或断章取义。为此，有时需要注明引用内容的出处。

法律文书立论的论据，主要是案件事实及其证据、法律条文和法学理论。在立论中，作为论据的案件事实，必须根据论证的需要对其加以概括，针对性极强地为立论服务。在立论中，证据作为论据运用，一定要严谨、具体而又全面地表述。法律文书的论证分析必须切事而论，即针对特定的案件事实分析论证；依法说理，平实简明，周密严谨，无懈可击。法律文书议论中的立论也是由论点、论据和论证三部分构成的。

以分析法为例，还有一起与"狼牙山五壮士"有关的著名案件。2013年11月8日，洪某某在《炎黄春秋》杂志发表了《"狼牙山五壮士"的细节分歧》一文，对"狼牙山五壮士"事迹中的细节提出质疑。文章发表后，"狼牙山五壮士"的后人葛某某、宋某某认为此文抹黑"狼牙山五壮士"英雄形象和名誉。据此，葛某某、宋某某诉至法院，请求判令洪某某停止侵权、公开道歉、消除影响。

1941年9月25日，在易县发生的狼牙山战斗，是被大量事实证明的著名战斗。在这场战斗中，"狼牙山五壮士"英勇抗敌的基本事实和舍生取义的伟大精神，赢得了全国人民高度认同和广泛赞扬，是"五壮士"获得"狼牙山五壮士"崇高名誉和荣誉的基础。"狼牙山五壮士"的英雄称号，是国家及公众对他们在反抗侵略、保家卫国作出巨大牺牲的褒奖，也是他们应当获得的个人名誉和荣誉。和平年代，"狼牙山五壮士"的精神，仍然是我国公众树立不畏艰辛、不怕困难、为国为民奋斗终身的精神指引。

洪某某发表的文章虽无明显侮辱性的语言，但其采取的行为方式却是通过强调与基本事实无关或者关联不大的细节，甚至与网民张某对"狼牙山五壮士"的污蔑性谣言相呼应，质疑"五壮士"英勇抗敌、舍生取义的基本事实，颠覆"五壮士"的英勇形象，贬损、降低"五壮士"的人格评价，引导读者对这一英雄人物群体英勇抗敌事迹和舍生取义精神产生质疑，从而否定基本事实的真实性，进而降低他们的英勇形象和精神价值。这不可避免地会侵害"五壮士"的名誉和荣誉，以及融入了这种名誉、荣誉的社会公共利益。

法院据此判决洪某某立即停止侵害行为，公开发布赔礼道歉公告，向原告赔礼道歉，消除影响。

此裁判文书通过对基本事实进行剖析，揭示为什么认定被告行为侵犯了烈士的人格权，该案亦成为最高人民法院发布的保护英雄人物人格权益典型案例之一，并被写入《最高人民法院工作报告》。

（二）驳论法

驳论是以反驳为主的说理方法，这是一种论证对方的论点有错误，从而驳倒对方，树立起自己正确的论点的方法。驳论和立论一样，也是由论点、论据和论证三部分构成，论证分析时同样要求切事而论，依法说理，周密严谨。驳论有反驳论点、反驳论据、反驳论证等方法。

反驳论点：在对错误论点进行批驳时，可以用客观存在的事实本身作为论据来证明对方论点的错误。这种情况下只要举出与对方论点不相符合的具有代表性的论据，就可以证明对方的观点不能成立。

反驳论据：论点的树立，是以论据为基础的，如果这个基础出了问题，便可否定事实和证据的真实性，论点就会不攻自破。

反驳论证：论证是一个运用概念、判断、推理的过程，任一环节不严谨，就可能出现漏洞，便可以此为突破口进行反驳，进而推翻对方的错误观点。

法律论证的驳论，以反驳论据的居多，直接反驳论点的少见，反驳论证也时有所见。反驳论据就是指出错误的论点在论证过程中论点和论据之间没有内在的逻辑联系。由于论点和论据之间没有必然联系，因此就无法进行推理论证，而强行推导出来的论点肯定是站不住脚的。所以，从分析对方的推理入手，反驳论证，指出其论证过程的逻辑错误，实际上也就驳倒了对方的论点。

由于驳论的目的是为了驳倒对方的论点，建立起自己正确的论点，因此驳论之后往往伴随着正面的立论，列举事实，据法论理。无论反驳论据或反驳论证之后都是如此。

驳论广泛运用于"辩护词""代理词""答辩状""抗诉书""上诉状""申诉书"或"再审申请书"等诉辩文书中，目的都是为了指出诉讼对方或人民法院的错误或不当之处，要求人民法院作出或重新作出裁判时，都应该在"以事实为根据，以法律为准绳"的原则下秉持讲清事实、明辨是非的科学态度。对于原审裁判的错误一定要认准究竟是在认定事实方面、适用法律方面还是在运用程序方面，这样才能抓准问题，反驳有力；如果无的放矢，泛泛而谈，则不能达到预期的效果。

有些成功的驳论，除了一般地运用多方面的、具体的事实和材料外，还要运用有关专业的具体数据和有关学科的科学原理，或采用科学实验的结果来进行论证。

示例（摘录）：

最高人民法院（2012）民申字第×××号民事裁定书

申请再审人王×因与被申请人××日报社名誉权纠纷一案，不服湖北省高级人民法院于2011年12月5日作出的（2011）鄂民四终字第×××号民事判决，向本院申请再审。本院依法组成合议庭进行了审查，现已审查完毕。

……

本院认为：王×主张××日报社《无理闹访、缠访酿苦果》一文的报道中关于交通事故损伤人数、有关事故处理赔偿调解、上访次数等内容等没有事实依据，系属××日报社侵害王×名誉权。经审查，据××县交警大队作出的《劳动教养决定书》和××市劳动教养管理委员会作出的《劳动教养委员会对王×申诉的答复意见书》记载，王×确有在天安门、中南海非正常上访的行为，且次数远超过了9次。××市劳动教养管理委员会以王×扰乱单位秩序为由，依据《中华人民共和国治安处罚法》对王×作出了劳动教养一年的处罚决定。××日报社发表的《无理闹访、缠访酿苦果》一文的基本内容系依据上述国家机关公开的文书作出的，虽有部分表述不精准和审查不严格之处，但并非捏造事实或用侮辱诽谤的方式进行损害他人名誉的行为。根据《中华人民共和国民法通则》第一百零一条、《最高人民法院关于审理名誉权案件若干问题的解释》第六条、《最高人民法院关于贯彻执行〈中华人民共和国民法通则〉若干问题意见（试行）》第140条之规定，××日报社涉案的相关报道基本符合事实情况，尚不构成对王×的名誉的诋毁和侮辱。本案一、二审系以《交通事故认定书》《劳动教养决定书》等相关事实作出认定的，不存在认定事实不清、适用法律错误的情况。

王×的申请再审理由不符合《中华人民共和国民事诉讼法》第一百七十九条第一款规定的情形。依照《中华人民共和国民事诉讼法》第一百八十一条第一款之规定，裁定如下：

驳回王×的再审申请。

四、裁判文书的逻辑思维要求

前述中我们谈到了裁判文书思维与一般性思维在思维逻辑上的不同，归根结底，裁判文书的本质是通过辨法析理评判是非、规制行为，即基于事实进行说理，围绕法律展开论证。作为说理基础的事实要达到充分和必要的程度，所有证据和事实也要与讼争的焦点具有关联性，并最终以法律为依托完成裁判过程。

（一）论点明确，论据充分

论点在法律文书中就是对案件性质、行为主体的行为事实进行分析认定后得出的结论，它直接关系到应采取什么样的法律手段对其进行处理，所以，论点必须明确。刑事案件中，犯罪嫌疑人、被告人的行为是否涉嫌（构成）犯罪，构成何罪；民事案件中当事人的行为是否构成侵权、侵犯的对象是什么等，都是法律文书中的论点，它必须要直接、明确地表达出来，决不能含混。任何案件事实本身并不能显示其客观性与真实性，总是需要充足的证据来支持，所以，法律文书中叙述完案情事实后，就要用证据证明它的存在与真实。论据要充分，就是要求所用证据能够足以说明所要处理的案件；证据不足，对事实就难以认定，或者会导致作出错误的判断。所以，在证明案件事实时，证据的选用要恰当、合理。

（二）围绕案情，详略得当

法律文书运用逻辑时仅限于本案事实，要求针对案情进行分析说理和论证，一般不作联想发挥。因为法律文书的目的不是为论证理论上的某一命题，而是要对已经认定的案情事实认定性质、分辨是非，依法得出结论。

所谓分析，是把事物分解成各个侧面和各个发展阶段来认识，以此来寻求事物的矛盾和差异。案情事实是一个整体，其中包括原因、结果、情节、手段、性质、社会危害性等诸多因素，若不能抓住要害阐明事实同法律的关系，便无法说明结论的正确性。所谓概括，是把事物的共同点综合归纳起来，反映其普遍性。概括分为一般概括和特殊概括，前者是从事物的总体中抽引出普遍的内在联系，后者则是从有限的特殊事物中寻求矛盾的普遍性。法律文书常使用特殊概括的方法来对事实的某些问题进行认定。

案件事实是定案的根据，裁判文书的说理离不开案件事实。用事说理，就是摆事实，讲道理，用事实说话。既不能对已查明事实进行简单重复，也不能脱离事实空谈法律。

案情事实必须经过当庭举证、质证、认证。只有这样的事实才是裁判所要求的事实。主要是应对证据的采用作详细分析，要阐明是否采用的理由。无论是查证属实的事实，还是依法认定的事实，都应有确凿的证据。有的文书要求具体写明证据，并应通过对证据的分析论证，阐明事实的确凿无疑、无可驳辩。有的文书虽不要求具体罗列说明证据，但它所列举的事实也必须是以充分、确实的证据为依据的。重要的法律文书的理由部分，首先应通过对证据的说明和分析，论证事实的确凿性和可靠性。当事人或律师自书或代书的重要的法律文书，凡涉及提供事实时，也必须用说明证据和分析证据的方法论证列举事实的确凿性。如各类诉状中也应要做到这一点。重要的法律文书如人民法院的判决、当事人自书或律师代书的诉状都要求用具体叙述的方法叙述证据。

（三）依据法律，观点鲜明

法律作为国家意志的体现，每一个概念和判断都有其确切的内涵，不能随心所欲地作出解释。法律文书中的说理实际上是依案说法，因此对法律的熟悉程度和理解的正确性是至关重要的。只有在对案情的具体分析中准确地适用法律、解释法律，才能言之成理。有些法律文书道理说了许多，条分缕析，貌似有理；但由于对法律的理解有偏差，难免导致结论的错误。裁判文书中的说理、论证和评判则有严格的"法"的规定性，无论是分析的角度、分析的内容、分析的结论，都不能脱离现行法律原则。对于法无明文规定的诉讼，采取通说或经验法则来评判的做法，实际还是依据的法律公平原则。

法律是断案的准绳，裁判文书根据的法律条款应一一写明。一是引证法律要有针对性，要针对案情引用外延较小、恰恰适合于本案的内容；二是引用法律凡有条款项的，应引到条下的款或项；三是在不影响文字表述的情况下，尽可能引出法律的条文，但应注意条文文意的完整，不能断章取义；四是在有关刑事案件的法律文书中，应先引用我国《刑法》的有关规定，后引用我国人大常委会的有关决定。只有这样，才能更好地体现"以事实为根据，以法律为准绳"的原则。

理由是法律文书中的灵魂，也是裁判主旨的集中体现。裁判者的逻辑思维必须有事实上和法律上的根据，既要充分透辟，又要切中要害；既要入情入理，又要依法论理。

除应论证认定事实的理由外，还应论证适用法律的理由，因为法律适用是作出裁决、处理或提出请求的根本依据。缺少这一部分就使裁决、处理或请求的意见失去了依据，成为无源之水、无本之木。法律文书中适用法律的理由，既要注重分析事理，更要以法为据。法律与情理从本质上说应该是一致的，但有时从表象上看也可能会在某些情况下有矛盾，因此在说理时应妥善处理这两者之间的关系。

在表述适用法律理由时，各类不同的案件有其不同的侧重点。刑事案件的文书中适用法律的理由，应侧重在定罪和量刑等关键问题上展开说理；民事、行政案件的文书中的适用法律理由应侧重在是否构成侵权或其他违法行为、各方当事人的责任等问题上展开论证。但论证上述问题都必须以相关的实体法和程序法为依据，分清是非正误，明确罪与非罪、违法合法的界限，并要做到以法服人、以理诲人。

（四）彰显社会价值，引领道德风尚

最高人民法院于 2020 年 5 月 14 日发布人民法院大力弘扬社会主义核心价值观十大典型民事案例。据最高人民法院介绍，此次发布的十件案例均为 2018 年以来发生法律效力的案件。其中，董存瑞、黄继光英雄烈士名誉权纠纷案是一起由检察机关提起的公益诉讼案，针对瞿某某在其经营的网络店铺出售带有歪曲、丑化英雄烈士形象贴画的行为，当地检察机关向杭州互联网法院提起民事公益诉讼，法院依法判决瞿某某立即停止侵害英雄烈士名誉权的行为，销毁库存，不得再继续销售案涉贴画，并于判决生效之日起十日内在国家级媒体公开赔礼道歉，消除影响。这一案件和淮安谢勇烈士名誉权纠纷公益诉讼案都是 2018 年 5 月 1 日《英雄烈士保护法》实施以来，首批适用该法，通过公益诉讼依法保护英雄烈士人格权益的案件，其裁判结果有力传承爱国主义精神，有效保护了英烈尊严，释放了"网络不是法外之地"的严厉信号，对营造崇尚英烈、敬重英烈、捍卫英烈精神的社会环境以及引导社会公众树立正确的历史观、民族观、文化观，起到了积极作用。

第四节　提高裁判文书逻辑性的对策

裁判文书的逻辑要严密，事理法理分析与事实结论相对应、判决主文与诉讼请求相对应，努力使判决说理细致入微，以理服人。事实、说理、结论三者在法律文书中必须保持一致，相互照应，绝不能出现前后矛盾、相互脱节的情况，否则就破坏了文书的完整性、统一性和效力性。

在遣词造句上，尽量使判决文书充满人文情怀，"丧心病狂""狗急跳墙""流窜至本地""不杀不足以平民愤""罪大恶极"之类的词句是以善恶评价为中心的道德判断和情绪化的道德情感的宣泄，应当尽量避免。

一、提高刑事案件裁判文书逻辑性的对策

定罪判刑（包括定罪免刑）情况下的说理，要把定罪的法律依据运用案件事实在犯罪构成上予以说明，也就是把犯罪构成要件事实化，使这一部分说理内容成为定罪之因。需要特别注意的是，不能脱离《刑法》规定的犯罪构成去作简单的事实罗列。

（一）以法理为依托

对于犯数罪的案件，要把《刑法》规定的数个犯罪构成运用案件事实，分别予以说明。对指控罪名的改变和被告人辩解、辩护人辩护意见的评析，应根据法律规定和相应的法学理论进行，切忌就事论事。

对于量刑理由的说理，应紧扣法定的量刑幅度和影响量刑的各种法定情节进行阐述，而不能简单地用"应予依法惩处"等格式语言一笔带过。对于免予刑事处罚的，还应分别情况将"免刑"的法定理由（是根据犯罪情节轻

微免刑,还是根据某些法定情节免刑)叙述清楚。

判决无罪情况下的说理,指控事实不具有《刑法》分则规定的某一种犯罪构成,从而使指控罪名不能成立的,应结合指控犯罪的构成要件和罪刑法定原则进行论证。

行为不具有社会危害性,如系正当防卫、紧急避险等,应紧紧围绕《刑法》总则的有关规定展开无罪理由的论证。对于指控事实不清、证据不足的存疑无罪案件,则应结合《刑事诉讼法》有关证据标准、证据运用规则的规定展开无罪理由的论证。

示例(摘录):

JL县人民法院(20××)刑初字第××号刑事判决书,判决中认定被告人行为属正当防卫,不仅对社会无危害性,并鼓励挺身自卫,见义勇为,积极同违法犯罪作斗争。

本院认为,故意伤害罪是行为人非法损害他人身体健康的行为,但是为了本人的人身免受正在进行的不法侵害,而对实施不法侵害的人所采取的必要的防卫行为属于正当防卫,不负刑事责任。本案死者陆×案发前因与被告人王××发生争吵,后召集黄××前往街上寻找被告人王××,扬言要打被告人王××,找到被告人王××后就对被告人王××进行殴打,陆×、黄××主观上、行为上明显地实施了不法侵害,而被告人王××明显处于被防卫的地位。在不法侵害持续过程中,黄××举起水泥砖对着被告人王××,而陆×挥拳殴打被告人王××,黄××、陆×的行为有明显危及被告人王××的人身安全。而被告人王××由于激愤、惧怕的心理作用,对于被害人陆×、黄××的不法侵害的意图和危害程度一时难于分辨,在没有办法选择一种恰当的防卫行为的情形下,只是执刀乱舞,虽然造成陆×死亡的损害事实,但相对陆×和黄××不法侵害行为的后果而言未明显超过必要的限度。综上所述,被告人为了本人的人身不受正在进行的不法侵害行为,而针对实施不法侵害行为的人进行防卫,且未明显超过必要限度,被告人的行为具备了正当防卫的客观要件,其行为属正当防卫,不负刑事责任,对被告人王××应当宣告无罪。公诉机关指控被告人王××犯故意伤害罪的罪名不成立，本院不予支持。在诉讼过程中，附带民事诉讼原告人提出由被告人承担民事赔偿责任的请求，本案中被害人陆×对被告人王××实施了不法侵害，而被告人王××实施正当防卫过程中致被害者人陆×死亡，被告人王××依法不应当承担民事赔偿责任，被告人亲属主动补偿被害人陆×家属的经济损失，是当事人的自愿行为，不违反法律规定，本院不持异议。被告人王××及其辩护人提出的辩护意见有事实及法律依据，本院予以采纳。为保护公民的人身权利不受侵犯，鼓励和支持公民不怕违法犯罪分子的淫威，敢于挺身自卫，见义勇为，积极同违法犯罪行为作斗争，制止不法侵害，依照《中华人民共和国刑法》第二十条第一款之规定，判决如下：一、被告人王××无罪；二、驳回附带民事诉讼原告人陆××、卢××的诉讼请求。

（二）以事实为基础

定罪理由中引用的事实，首先，应建立在经庭审查明的事实基础上，未经法庭认定的事实不得用于定罪说理。其次，用于定罪说理的案件事实严格受到犯罪构成的制约，即凡是与犯罪要件构成无关的事实，如证据事实、量刑情节事实等，则不予引用。再次，对用于定罪说理的案件事实应进行必要的归纳、整合，而不是照搬照抄。

对于控辩意见的评析说理，应有针对地引用案件事实与证据，引用什么，引用多少，应根据评析对象以及评析需要而定。尤其在不采纳控辩意见的情况下，必须有针对性地引用相关事实、证据，唯其如此，才能对不采纳的理由给予具体而充分的说明。

量刑说理的事实引用。属于法定情节的，不论该情节是否成立，只要案件涉及，均应引入相应的案件事实与证据予以说明。属于酌定情节的，不论该情节是否存在，只要案件涉及，均应用事实说话，例如认罪态度好、有悔罪表现等酌定情节是由归案后的坦白、悔罪行为事实决定的，不阐述这些行为事实，就不能得出相应结论。

示例（摘录）：

本院认为，依照《中华人民共和国刑法》第二百二十四条"有下列情形之一，以非法占有为目的，在签订、履行合同过程中，骗取对方当事人财物，数额较大的，处三年以下有期徒刑或者拘役，并处或者单处罚金；数额巨大或者有其他严重情节的，处三年以上十年以下有期徒刑，并处罚金；数额特别巨大或者有其他特别严重情节的，处十年以上有期徒刑或者无期徒刑，并处罚金或者没收财产；……（五）以其他方法骗取对方当事人财物的"之规定，被告人以非法占有为目的，在签订、履行合同的过程中，骗取对方当事人财物，数额较大，其行为已构成合同诈骗罪，依法应处三年以下有期徒刑或者拘役，并处或者单处罚金。公诉机关指控成立。

依照《中华人民共和国刑法》第六十五条第一款"被判处有期徒刑以上刑罚的犯罪分子，刑罚执行完毕或者赦免以后，在五年以内再犯应当判处有期徒刑以上刑罚之罪的，是累犯，应当从重处罚，但是过失犯罪和不满十八周岁的人犯罪的除外"之规定，被告人因故意犯罪曾被判处有期徒刑，刑罚执行完毕以后五年内，再犯应当判处有期徒刑之合同诈骗罪，系累犯，依法应当从重处罚。

依照《中华人民共和国刑法》第六十七条第三款"犯罪嫌疑人虽不具有前两款规定的自首情节，但是如实供述自己罪行的，可以从轻处罚；因如实供述自己罪行，避免特别严重后果发生的，可以减轻处罚"之规定，被告人归案后，如实供述自己罪行并自愿认罪，依法可从轻处罚。

依照《中华人民共和国刑事诉讼法》第十五条"犯罪嫌疑人、被告人自愿如实供述自己的罪行，承认指控的犯罪事实，愿意接受处罚的，依法可以从宽处理"之规定，被告人自愿认罪认罚，依法可以从宽处理。

上述判决书对法定酌定从轻情节逐一进行了表态。

（三）以证据为中心

证据是认定事实的基础，案件的事实是依靠证据来说明的，查明事实的过程，也就是审查、认定证据的过程。因此在判决书中必须要对证据采用的理由进行严格的说明。当事人提供的证据，被当作证据使用的材料，亦真亦假，只有在法院进行了去伪存真的查证之后被认定的材料，才是反映案件真相的证据。以往的判决书对于认定的事实只是笼统地表述为"上述事实，证据确实，予以认定"，或者"上述事实有书证、物证等证据认定"。千篇一律，难以让人信服。对此，首先，应当通过举证、质证、认证三个环节，运用证据查明案件事实。其次，判决书应对起诉主张的事实及其依据的证据作出描述，并对证据的审查结论，即采信或不采信作出说明，并进而阐述法院通过审查证据后认定的事实，从而使认定案件事实的过程在判决书中得到体现。

示例（摘录）：

公诉机关指控，2020年1月2日中午，被告人扒窃被害人刘某某价值1050元的OPPO R17手机一部，后将手机销赃。2020年3月28日13时许，被告人扒窃被害人王某某现金900元。2020年4月6日12时许，被告人扒窃被害人张某某小米手机一部，后将其销赃。公诉机关认为被告人的行为已经构成盗窃罪，且系累犯，建议对其判处有期徒刑十个月，并处罚金。

上述事实，有到案经过，情况说明，指认照片，视频监控截图照片，扣押及发还清单，证人唐某某的证言；被害人刘某某、王某某、张某某的陈述；被告人供述；涉案财物的价格鉴定书；辨认笔录；视听资料等证据证实，足以认定。

本院认为，被告人以非法占有为目的，采用秘密手段多次扒窃财物，数额较大，已构成盗窃罪。公诉机关指控的事实和罪名成立。被告人构成累犯，应当从重处罚。被告人还有多次犯罪前科，可以酌情从重处罚。被告人到案后如实供述犯罪事实，可以从轻处罚。

上述判决没有表述被告人的辩解意见，也没有说明被告人是否自愿认罪

认罚（适用认罪认罚程序），而且只罗列了证据目录，过于简单，缺乏说服力。

二、提高民商事裁判文书逻辑性的对策

近年来，随着司法改革的不断推进，法院判决书的制作水平也在不断提高。但是，从总体上讲，判决书的质量离社会公众的要求还有一定差距。为此，最高人民法院要求加快裁判文书改革的步伐，提高裁判文书的质量，并出台了诉讼文书的样式，对诉讼文书的制作提出了较高的要求，"增强判决的说理性"，"公开裁判理由"，"使裁判文书成为向社会公众展示司法公正形象的载体，进行法制教育生动教材"。民事判决书是人民法院依法行使审判权的集中体现，是对整个诉讼活动最精炼、最完整的概括。它不仅是法官业务素质强弱的重要评判依据，也是衡量办案质量，宣传司法公正，体现法律真义的司法产品。一份好的民事判决书，除了要事实叙述清楚，证明事实的证据有力外，更重要的在于说理的充分透彻，这样才能保证判决结果的准确，保证法律的正确实施。民事判决书的说理问题已成为当前民事判决书改革的重点。

（一）克服通病

目前仍然有不少的民事裁判文书说理不充分，简单粗暴式的判决仍然存在，具体问题各有不同，概括起来主要有以下几个方面：

1. 当事人诉、辩理由归纳过于概括、抽象。裁判文书不能完整、准确地反映当事人的陈述理由，有的以偏概全故意遗漏当事人的主张和理由，有的甚至任意曲解当事人的理由。

2. 认定事实部分没有体现当事人举证、质证和法庭认证的情况。判决书中不列举当事人的证据或不全部列举，或虽在判决书中列举当事人的证据，但未写明事实与证据之间的关系，对当事人争议的事实未结合双方当事人举证、质证及法庭的认证意见去写。对采信的证据不说明理由，对不采信的证据也不说明理由或者不该采信的证据予以采信，应予以采信的证据不予以采信，断章取义，任意取舍，枉法裁判。

3. 判决书说理部分说理不充分、不透明、不全面。不少判决书不说理由，或者虽有说理，但说理不准，牵强附会，没有针对诉讼各方当事人的主张及

个案的具体情况进行分析说理,而是罗列同一类型案件共性的说理,惯用一些诸如"没有事实和法律依据""证据确凿充分""依法应予支持"等公式语言;有的对当事人的主张说理不全,只择其所需,选择对判决有利的部分,对其他部分不提或少提;有的说理只是证据和法条的简单罗列累加,缺少对证据的分析认定,没有法律适用方面的意见分析,更没有揭示证据—法律—结论三者之间的内在联系。

4. 对案件审理过程交待不够。在首部写作中没有立案时间、开庭时间、追加当事人、审限等案件审理程序方面的事项,使案件审理缺乏透明度,不能全面反映案件审理过程。

> **示例(摘录):**
>
> 原被告对案件事实没有争议的情况下,直接作出认定是可行的。
>
> 本院认为:原告周某因本起交通事故遭受人身伤害、财产损失,有权获得相应的赔偿。机动车发生交通事故造成人身伤亡和财产损失的,由保险公司在机动车第三者责任强制保险责任限额范围内予以赔偿。不足部分,机动车与非机动车驾驶人之间发生交通事故,非机动车驾驶人没有过错的,由机动车一方承担赔偿责任。同时依据《中华人民共和国保险法》和《最高人民法院关于审理道路交通事故损害赔偿案件适用法律若干问题的解释》的规定,事故的当事人有权请求承保肇事机动车商业第三者责任保险的保险公司向原告直接承担赔偿责任。

民商事案件和行政案件,如果案件事实和证据存有争议,应该分别就原告诉请和被告答辩意见进行论证。刑事案件对可能存在罪与非罪、此罪与彼罪的重大争议时,对控辩双方的意见都应做到——回应。

> **示例(摘录):**
>
> 原告向本院提出诉讼请求:1. 请求判令被告向原告支付营养费、护理费、残疾赔偿金等各项损失共计×××元;2. 本案诉讼费由被告承担。

第一被告辩称，第一被告不是本案适格主体，原告系第二被告雇请，原告工作场所生产线是第二被告向第一被告承包，协议书约定安全责任全部由第二被告承担。

第二被告辩称，原告受伤是事实，但是原告违反安全操作，事故主要是原告的责任。

本院经审理认定事实如下：（略）。

上述事实，有原告提交的原告身份证复印件、被告企业信息、出院记录、医疗费票据、辅助器具合格证、费用明细单、司法鉴定意见、鉴定费发票、银行分户明细对账单；第一被告提交的承包协议书予以证实，本院予以认定。

根据以上认定的事实，本院对原告的损失确认如下：（略）。

本院认为，公民的生命健康权受到法律保护。第二被告承包第一被告的生产线，原告受雇于第二被告，原告与第二被告形成雇佣关系，原告在提供劳务时受伤。根据《中华人民共和国侵权责任法》第三十五条规定："个人之间形成劳务关系，提供劳务一方因劳务造成他人损害的，由接受劳务一方承担侵权责任。提供劳务一方因劳务自己受到损害的，根据双方各自的过错承担相应的责任。"根据《最高人民法院关于审理人身损害赔偿案件适用法律若干问题的解释》第十一条规定："雇员在从事雇佣活动中因安全生产事故遭受人身损害，发包人、分包人知道或者应当知道接受发包或者分包业务的雇主没有相应资质或者安全生产条件的，应当与雇主承担连带赔偿责任。"第一被告将生产线发包给第二被告，其内部签订的生产线承包协议书不能对抗原告，因此，原告有权要求第一被告承担连带责任。原告在进行机器维修保养时没有严格按照规范操作，原告有一定过错；第二被告作为雇主，对施工安全负有注意义务，且对人员选任负有一定责任，故其对本起事故负有主要责任。根据各方的过错程度，本院确定责任比例为：原告38%，第二被告62%，第一被告对第二被告的赔偿责任承担连带责任。

上述文书没有针对第一被告关于其主体不适格的答辩意见进行说理回应。

（二）公开论理，增强透明度

心证公开，是指在庭审时及判决书的制作中，法官根据对所有证据进行分析判断而形成的内心确信，包括对案件事实的认识和法律上的见解，向当事人或在判决书的文本中阐明以求得当事人及公众的认识、理解与支持。心证公开在民事判决书中体现在以下几个方面：公开法官认证的形成过程。认证过程其实就是法官凭借自己具备的知识和经验对通过庭审所掌握的案件证据作出判断，并为自己预先感知和判断得出的结论给出理由的过程，它既是一种法律推理的过程，又是进行法律解释的过程。具体地说，就是法官在判决书中公开展示自己经过法律推理和法律解释而得出的认证意见，公开表明法官对证据的理性判断和取舍的原因，公布所采信证据的具体内容，并对证据的客观性、相关性、合法性进行分析论证，使证据形成环环相扣，步步推进的锁链式的证据威力。此外，对不采纳的证据也要据理驳回，表明认定的证据与判决结果有逻辑上的联系。法官认证过程的公开，体现了判决书形式上的公正，以及判决书所认定的事实的可信度。

民事诉讼是围绕当事人诉辩主张来展开的。但是，在民事审判中并非当事人所主张的利益都是合理的，所辩驳的理由都是正当的，对这些问题，法官在制作判决书时不应回避，而应旗帜鲜明地公开自己支持或否定当事人的诉讼主张的证明过程，说清原因和依据。此外，针对当事人对审判方向或状况有疑虑和误解的地方也要有所反映，说清法官对这些问题的看法和理由，消除当事人的疑虑和误解，提高当事人及公众对判决的信任度。

示例（摘录）：

HB省高级人民法院（20××）民申×××号民事裁定书对判决理由的阐述。

本院认为，××公司以出让方式取得涉案土地的建设用地使用权，地铁集团未经权利人××公司许可，擅自在该土地上建造地铁3、4号线××湾站M、L出入口构筑物，无视他人合法权益，行为明显失当，应当承担相应的法律责任。根据《中华人民共和国物权法》第三十五条"妨害物权或者可能妨害物权的，权利人可以请求排除妨害或者消除危险"、第三十六条

"造成不动产或者动产毁损的，权利人可以请求修理、重作、更换或者恢复原状"、第三十七条"侵害物权，造成权利人损害的，权利人可以请求损害赔偿，也可以请求承担其他民事责任"之规定，地铁集团的行为妨害了××公司行使物权，××公司可以选择请求排除妨碍、恢复原状，也可以请求损害赔偿。本案中，××公司在原一审诉讼中坚持选择行使排除妨碍请求权，要求拆除地铁出入口构筑物，恢复原状，初步符合上述法律规定，对其诉讼请求，本院予以理解和尊重。

但是，本案的特殊性在于，××公司的维权行为不仅涉及当事人双方之间的公平正义，而且直接关系到物权的最大利用和社会公共利益维护等社会价值，人民法院在保护××公司合法权益时，也应当对这些价值进行结合权衡。毕竟，社会资源是有限的，对公平正义的追求，不能无视背后的资源损耗和相关公共价值，在诸多可能的维权方式之间，社会和司法应当鼓励和支持当事人选择成本较低且效益较高的方式。就本案而言，支持××公司恢复原状的诉请将已正式投入运营的地铁3、4号线××湾站M、L出入口被拆除，导致社会公共资源浪费较大，广大市民出行亦极为不便，××公司要求排除妨碍、恢复原状的诉请的经济和社会成本过大，必然不被社会和法律提倡。

此外，《中华人民共和国物权法》第七条规定："物权的取得和行使，应当遵守法律，尊重社会公德，不得损害公共利益和他人合法权益。"该条款的立法目的是对物权绝对性、排他性的限制，物权的行使应当维护社会公共利益。本案中，××公司系被侵权一方，提起诉讼维护自身合法权益的行为不存在行使物权侵害公共利益和他人合法权益的问题，法律亦不要求××公司牺牲自己的利益或不主张权利。但行使权利有选择性时，并不排除权利行使的合理边界，××公司完全可以通过追究地铁公司赔偿侵权损失、承担全部赔偿费用等方式予以替代。本案中，经一审法院释明，××公司仍坚持行使排除妨碍、恢复原状请求权，不主张损害赔偿请求权，未充分考虑公益构筑物已经建成并运行和社会公共利益需要的客观事实，超出了行使权利的合理边界，本院对此表示十分遗憾，原审判决未支持××公司排除妨碍、恢复原状请求权并无不当。本院期望地铁集团主动与××公司协商赔偿事宜，尽快填补自己的侵权过错，××公司在协商不成的情况下，也可以通过另行提起侵权损害赔偿之诉的方式解决纷争。

上述判决书说理部分首先确认了地铁公司行为的性质，确认原告的主张于法有据，但又从经济和社会成本上进行分析，通过利益衡量，"本院对此表示十分遗憾，原审判决未支持××公司排除妨碍、恢复原状请求权并无不当"，对原告的诉求不予支持，通过辨法析理，心证公开，使判决极具说服力。

公开法官作出判决结果的理由。要防止给予当事人突袭裁判的感觉，法官在判决书文本中，对自己所作出的判决结果必须公开心证过程及理由。一是论证法官对当事人诉辩主张、争议焦点的概括归纳是恰当的；二是结合所采信的证据层层分析论证法官内心确信的心证事实，充分反映举证、质证、认证的全过程；三是分析论证适用法律的理由。总之，心证公开促使法官尽其所能地论证其判决的合理性与合法性，增强判决书的透明度，促使当事人服判息诉。同时，法官对事实认定，判决理由论述得越详细，心证公开的程度就越大，就越能体现判决结果理由的充分，法官的自由裁量权和任意性就会受到更大的限制，从而提高判决结果的合理性及合法性。

（三）依事论理，增强公信力

就事论理，就是针对当事人争议的焦点进行分析论证，明辨是非。争议焦点是建立在案件事实的基础之上的，而案件事实又是判决结果的依据。因此，争议焦点抓得不准，就无法弄清事实，事实不清，事实认证部分就会有错、有假、有矛盾，而以不清的事实作为依据作出判决结论，就会影响到判决结论的正确性、公平性、合法性、合理性。对争议焦点的剖析论证，包括两个方面的内容：其一是能够论清的争议焦点，主要指能够由证据证明的事实；其二是无法论清的争议焦点，主要指双方当事人的举证都无法证明事实的真伪。但无论是哪一种，法官都必须依据自己心证的情况及法律的有关规定进行分析论证。具体操作是：一是依据当事人的诉辩主张及证据，概括归纳争议焦点，分清核心焦点或一般焦点，是一个焦点或是多个焦点；二是紧扣各个争议焦点，对当事人在庭审中所举证、质证、认证、辩论的具体内容进行透彻分析，准确判断，揭示案件性质与责任分担的内在联系；三是对当事人诉争焦点所主张的权利、依据评述，表明是支持或是不予采纳，并说清理由；四是对无法论清的争议焦点出现事实真伪不明时，法官要依据举证责任分配原则，论证负有举证责任的当事人举证不能时，应当承担败诉的法律责任。五是对争议焦点的分析论证，要加强证据分析与事实认定的逻辑关系及必然联系，体现的是"盖然性占优势"或"排除一切合理怀疑"的证明标准，使事实、理由、主文统一连贯，具有说服力。

示例（摘录）：

本院认为，公民的合法权益受到法律的保护。

关于被告王某某、王某提出的原被告发生争执系原告曹某某造成，原告曹某某因此应承担相应责任一节。在案证据可以证明，原告曹某某虽有辱骂二被告，该行为系双方发生厮打的原因而不是损害结果产生的原因，辱骂行为与原告曹某某因伤入院产生的损害结果之间不存在相当因果关系。对被告王某某、王某的上述辩论意见，依法不予支持。

关于被告王某某、王某提出的原告治疗费用不是被告造成，原告的疾病是原来就存在的辩论意见，已经查明原告的治疗指向并不是消除固有疾病，而是治疗因伤引起的身体不适，以及产生的外伤。本案中二被告对原告的厮打与原告固有疾病复发，产生身体不适具有因果关系，且依一般人的认识，该原因行为与原告头部外伤、颈部外伤、腰部外伤以及固有腰间盘突出、颈间盘突出、腰椎骨质增生复发引起的身体不适具有相当性。对被告提出的上述辩论观点本院不予支持。

关于被告王某、王某某提出的原告已经达到退休年龄，不产生误工费的辩论意见。根据法律规定，损害赔偿采用完全赔偿原则，所赔偿的范围包括所受损失及所失利益，原告曹某某系某公司停车场工作人员，因伤入院导致收入减少，被告王某、王某某对此应当承担赔偿责任。

上述文书围绕被告方辩护辩解意见，进行了逐一论理评价，为最终的裁判结果提供坚实的基础。

（四）依法论理，提高服判率

如果说事理是理由的筋骨，那么法理就是理由的灵魂。由此可见，"说理"其实就是依据法律规定的内涵分析事理，阐述法理。具体包含的内容有：

对法律适用予以解释。"凡事预则立，不预则废"，法律规定更是如此。立法者总是根据内蕴法律需要的社会生活中的相关事实进行预测分析然后进行立法的。因此，法官适用法律的过程实际上是法官对法律解释的过程。法官的责任是当法律运用到个别场合时，根据他对法律条文的专业理解来解释法律。法官的职责就是根据法律的指引评述案件事实、判断案件的是非曲直。同时通过对法律的解释，使抽象的法律条文变得具体，变得实际有效，从而揭示法律内涵与实际的案件事实之间所产生的一种必然的、直观的联系，使当事人的诉辩主张，谁是谁非，一目了然。

对法律局限进行弥补。社会生活变化不定，新生事物层出不穷，相对稳定的法律总是难以涵盖现实生活中出现的新情况、新事物，由此带来了法律的空白或法律的局限性。因此，法官在进行法律解释时，既要阐述现行法律的内涵，同时还要运用自己深厚的法学理论、科学的思维方式、丰富的工作经验和能力作出分析判断，揭示尚未被发现的法律含义，以弥补法律存在的局限。这种弥补局限的法律解释，主要是通过对法律的公理或法律的教义、信条进行阐述，也是一种法理阐述。总之，法理是将案件事实与判决结果联系在一起的纽带。在判决书中论述法律的理由越充分，就越能使当事人及公众相信判决的公正性和权威性。

江苏省高级人民法院（2015）苏商终字第00511号民事判决书有这样一段论述："法律将仲裁裁决存在法定情形时的救济权利赋予了当事人，而如果当事人之间恶意串通损害国家、集体或他人利益时，应如何救济则存在法律空白。"该案适用公平原则予以处理，判决认为，《中华人民共和国民事诉讼法》第二百三十七条也赋予了在当事人一方申请人民法院执行仲裁裁决时，被申请人有证据证明仲裁裁决存在法定情形时，申请不予执行的权利。由此可见，法律将仲裁裁决存在法定情形时的救济权利赋予了当事人，而如果当事人之间恶意串通损害国家、集体或他人利益时，应如何救济则存在法律空白。因此，即便董××、戴××认为本案实体审理实为对仲裁裁决确认的事实进行重新审查的理由成立，也不失为是对利益受损的法律主体进行权利救济的法律漏洞的填补。故本案核心问题当是判断作为××公司法定代表人的董××与"他人"戴××是否存在损害××公司利益的行为。

（五）依情论理，体现亲和力

民事纠纷案件要么是家长里短的是非，要么是经济交往的矛盾，所以，民事裁判最高明的是做到情理法的契合，而不能一场官司造就几世情仇，讲好了讲透了亲情、爱情、人情，才能一别两宽，才能和气生财。"情"，从社会生活角度来说是"情感"，是人类七情六欲的概括；而从法律生活角度来说，则是"理解"，是法官根据案情，对当事人具体的法律行为依据法学原理、社会道德规范进行理性分析判断，得出的一种合乎民意，符合社会公序良俗的认可。这种认可是法官解释法律的结果，也是法官内心良知的反映。因此，在判决书中，法官不仅要讲事理，讲法理，也要讲情理。可以说，事理、法理、情理组成判决书强大的生命力。情理在判决书中所体现出来的是法官一种博大、豁达、充满理智的心境，也是司法公信力的最好展示。

示例（摘录）：

胡××的工亡赔偿金性质上虽不属于遗产，但在扣除丧葬费等必要费用后的分割可参照《民法典》的原则以及各权利人对死者依赖程度的轻重综合进行处理。结合本案案情，辛××虽非胡××法定继承人，但作为舅舅在胡××成长阶段给予其生活帮助和关怀照料，将胡××视为己出，其无私奉献、相互守望的精神值得提倡，现年近七十体会近乎丧子之痛，精神痛苦相对较大；徐××作为胡××法定继承人，丧夫之痛不言而喻，但其年轻力壮，且与胡××尚无子女，负担相对较小；综合分析辛××对胡××的抚养付出程度、辛××个人劳动能力和经济状况、辛××子女状况及扶养能力，酌定辛××分割15万元工亡赔偿金，原审酌情支持的5000元差旅费用认定恰当，不作变更。

"情理"不是法律规范，法官不能从法律条文上直观地感受它的存在，法官是靠悟性，靠灵气，去感悟它，去理解它，用心去发现它的存在，去寻找它的精髓，去把握它的气度。因此，在判决书中要讲情理也不能随心所欲，应注意针对不同的案件情况作出不同的处理。法律规定不周全、不明确时，法官应根据法律条文字里行间所反映出来的真实含义，或立法者的目的，去理解、分析、判断、讲清其中的道理。法律规定有缺陷时，应从理解对象的背景，包括文化、传统、思想等，在一定的范围内，依照公正原则的价值取向进行说理。根据情势所需，进行情理分析，主要从社会的公序良俗、人情事理、社会的公平、正义的要求等方面分析说理。但无论出于何种原因，讲情理都要符合法意，顺遂民情，彰显朴素正义，既增强判决书的公信力，又增强了判决书的亲和力。

三、提高行政案件裁判文书逻辑性的对策

裁判理由是行政裁判文书的核心和灵魂，是充分展现法官办案思路，适用法律规定及原则、精神，以及运用逻辑推理和生活经验乃至职业道德，按照证据规则阐释证据的过程，它涉及对案件性质的确定，涉及对当事人之间行政法律关系的确认，涉及当事人行政责任有无的界定以及大小与负担比例的裁量等诸多方面。因而，书写好本部分相关内容至关重要。

行政裁判理由部分的书写应重点围绕被诉具体行政行为的合法与否以及当事人争议的焦点及其诉辩理由展开分析论述。与民事诉讼案件不同，行政诉讼案件审理的是"民告官"案件，更应该注重裁判文书的说理论证，避免使当事人及社会公众产生"官官相护"的联想和观感。

（一）注重客观性

要在事实部分事理分析的基础上重点做好法理分析，以中立的立场和公正的态度，使用中性、公允的语言，分析论断案件的性质，客观地评价被诉具体行政行为的合法性问题，包括行政主体有无法定职权，所采取的行政措施是否符合法律规定（含合法的规章及其以下规范性文件规定），如涉及行政处罚，是否属于显失公正的情况；如系确认判决，是否属于具体行政行为违法但有不可撤销的理由，而应采取补救措施；如系被诉具体行政行为违法，

应指出违法的具体表现及确认违法的理由。同时，应进一步明确行政主体或者相对人各自应承担的行政法律责任。绝不可强词夺理，既不夸大，也不缩小，实事求是，以理服人。

示例（摘录）：

本院认为：依照原《土地登记办法》第十八条规定，"有下列情形之一的，不予登记：（一）土地权属有争议的"。本案争议的宅基地原属于分配给胡某为户主的家庭共有财产，胡某夫妻及其子女均享有一定的使用权，且争议的土地上存在建设的住房，胡某去世后，原告对该住房具有继承权。在该宅基地及所属房产均存在争议情况下，原ZMD市YC区国土资源局为第三人胡某颁发集体土地使用证，违反原《土地登记办法》的上述规定。争议土地登记行为事实不清，证据不足，不具有合法性，本院予以确认。根据该市机构编制委员会作出的文件，YC区辖区内的不动产登记职权由该市自然资源和规划局领导，对YC区人民政府的原土地登记行为提起行政诉讼，该市自然资源和规划局应当作为被告，系本案适格主体。原告是争议宅基地的使用者，又是该宅基地上房屋的合法继承人，与所诉行政行为具有直接的利害关系，具备主体资格；被告及第三人提出原告诉讼超期，但不能举证原告知道颁证时间的证据材料；原告自述2019年9月份才得知颁证行为，即向本院提起了行政诉讼，有依据证实；且颁证机关尚未向第三人颁发被诉土地证，颁证的具体行政行为还没有具体的生效时间，原告的起诉时效并不超期或不存在超期的问题。原告请求撤销涉案集体土地使用证的理由成立，本院予以支持。第三人提出本人没有其他宅基地问题，可以另行寻求救济途经。根据原《土地登记办法》第十八条，《中华人民共和国行政诉讼法》第七十条第一、二项之规定，判决如下：

撤销ZMD市YC区国土资源局为第三人胡某办理的集体土地使用证。

上述文书围绕行政诉讼案件的关键，着重阐明了主体资格、时效和行政行为合法性问题。

(二) 注重针对性

要紧紧围绕当事人之间对法律适用及责任认定与承担的争点进行论述，并在论述过程中结合个案特点（主要指裁判方式）予以说理。如系变更判决，应在肯定被诉具体行政行为合法的大前提下，重点论述"不合理"的理由（畸轻或畸重），并在此基础上提出"基本合理"的衡平意见，明确表态支持原告的诉辩理由及其根据。以使行政裁判文书的说理做到规范化与个性化的有机结合。

示例（文书节选）：

审理查明，原告高某系上海某大学本科生，因在考试中作弊，被学校给予行政记过处分，该门课程成绩无效。学校学位评定委员会因此决定对高某不授予学士学位。高某不服，向人民法院提起行政诉讼。

法院经审理认为，诚实信用，是社会主义社会的重要核心价值，也是中华民族的优秀道德传统。对每一个人而言，诚信乃立身之本。本案原告高某作为在校大学生，是国家的未来建设者，在考试中作弊，不仅违背诚信原则，更违反了国家法律法规，《中华人民共和国刑法》第二百八十四条规定，在法律规定的国家考试中，组织作弊的，处三年以下有期徒刑或者拘役，并处或单处罚金；情节严重的，处三年以上七年以下有期徒刑，并处罚金。《普通高等学校学生管理规定》第十六条规定，学生严重违反考核纪律或者作弊的，该课程考核成绩记为无效，并由学校视其违纪或者作弊情节，给予批评教育和相应的纪律处分。给予留校察看及以下处分的，经教育表现较好，在毕业前对该课程可以给予补考或者重修机会。学校对高某作出不授予学位的处理，并无不当，人民法院依法予以支持。遂判决驳回高某的诉讼请求。

（三）注重全面性

行政裁判文书中裁判理由的表述应当做到全面、完整，尤其对法理的阐释不得出现任何疏漏。在引用法条时要做到既全面、具体，又"对号入座"，即针对个案性质，既引用相关实体法，也引用相关的程序法，既引用法律、法规，也引用司法解释和合法的其他规范性文件，且穷尽到条、款、项、目。同时，对当事人在个案中应承担的行政责任的具体比例，也应在充分论证的基础上作出客观、公正的明确裁断，使其由以往的隐形变为显形，以防在裁判主文部分对当事人搞"突然袭击"。此外，对诉讼费的收取与负担也应在本部分作出全面（包括收费项目、标准以及各方当事人应负担的份额等）表述，令当事人明白"官司费"的来龙去脉，避免引起他们对法官审判的合理怀疑。

示例（摘录）：

本院认为：根据《不动产登记暂行条例》及《WH市机构编制委员会关于整合我市不动产登记职责及设定不动产登记机构的通知》等规定，不动产登记的职权从WH市不动产登记局回归到WH市自然资源和规划局，故本案被告具有作出本案被诉《不动产登记不予受理告知书》的法定职权。本案审理的关键在于被告作出《不动产登记不予受理告知书》是否事实清楚、证据充分、适用法律正确、程序正当。根据《不动产登记暂行条例》第十六条的规定："申请人应当提交下列材料，并对申请材料的真实性负责：（一）登记申请书；（二）申请人、代理人身份证明材料、授权委托书；（三）相关的不动产权属来源证明材料、登记原因证明文件、不动产权属证书；（四）不动产界址、空间界限、面积等材料；（五）与他人利害关系的说明材料；（六）法律、行政法规以及本条例实施细则规定的其他材料。不动产登记机构应当在办公场所和门户网站公开申请登记所需材料目录和示范文本等信息。"本案中，由于涉案房屋建设单位WH市HJ房地产开发有限公司的原因，原告竞买的涉案大厦第19、20、21三整层房产，大约1851平方米的房屋未办理房屋的初始登记，故原告无法提供"相关的不动产权属来源证明材料、登记原因证明文件、不动产权属证书",原告办理不动产登记缺少相应材料。根据《不动产登记暂行条例》第十七条第一款第三项的规定"不动产登记机构收到不动产登记申请材料,应当分别按照下列情况办理:(三)申请材料不齐全的或者不符合法定形式的,应当当场书面告知申请人不予受理并一次性告知需要补正的全部内容",被告在收到原告申请材料后,在当日告知原告缺少初始登记材料,需要具备初始登记条件后,才可申请办理后续协执过户、拍卖过户等事宜,并无不当。原告主张应该适用《WH市人民政府关于进一步加快解决我市部分房屋所有权证国有土地使用权证办理历史遗留问题的意见》第三项的规定解决问题,根据WH市自然资源和规划局JH分局对原告提交信访的答复,原告竞买所得的房屋属于商业办公项目,不属于该文件的处理范围。原告主张其并无《不动产登记暂行条例》第二十二条所规定的不予登记的情形,本案中争议的关键是不动产登记受理条件的问题,是否有不予登记的情形,应是符合受理条件后,登记机关审查决定,原告以该项规定证明其符合不动产登记的受理条件,不能成立。综上,依照《中华人民共和国行政诉讼法》第六十九条之规定,判决如下:

驳回原告的诉讼请求。

行政诉讼的裁判依据会涉及一系列的行政法规、行政文件,要做到应该引用的全部引用。

(四) 注重释明性

通过行政审判实践不难看出,虽然成文法具有相对的既定性和明确性,但鉴于法律规范的滞后性、法律条款的僵硬性及其不断变动性,尤其行政法律规范,政出多门,效力层次各异,在具体操作过程中难免出现法律冲突,同时,法律概念、原则规定笼统抽象,具有一定的模糊性,容易产生歧义,往往令适用者深感困惑。上述情况的客观存在,便赋予了主审法官解释法律的难辞之责。

示例（摘录）：

本院认为，根据《中华人民共和国行政复议法》第十二条第一款"对县级以上地方各级人民政府工作部门的具体行政行为不服的，由申请人选择，可以向该部门的本级人民政府申请行政复议，也可以向上一级主管部门申请行政复议"的规定，被告具有受理原告申请的行政复议并作出行政复议决定的职权。根据本案查明的事实，案涉NO：01041××《林木采伐许可证》系LA区林业局按照《ZJ省林木采伐管理办法》的相关规定，根据DS建材有限公司的申请而颁发。原告诉请撤销的理由为DS建材有限公司开采矿山的行为导致其房屋及祖坟毁损，但目前在案证据无法证明林木采伐许可行为侵犯了原告的合法权益；且案涉NO：01041××《林木采伐许可证》与其亦无法律上的利害关系，故原告的申请并不符合《行政复议法实施条例》第二十八条第（二）项的受理条件。至于原告诉称的损失应依法另行主张权利。被告于2019年6月24日受理行政复议申请，经延期于同年9月19日作出复议决定，符合《中华人民共和国行政复议法》第三十一条第一款的规定。综上，被告作出的被诉复议决定认定事实清楚，程序合法，适用法律正确。原告的诉讼请求无事实和法律依据，本院不予支持。依照《中华人民共和国行政诉讼法》第六十九条之规定，判决如下：

驳回原告的诉讼请求。

解释法律的含义就在于，依照已确定的案件事实，在适用法律的过程中，当法律概念或术语、法律条文或规则呈现模糊状态或者笼统抽象易产生歧义时，法官基于对法律的逻辑分析和立法目的、精神的深刻理解，抑或法律价值的充分判断，以及社会经验、职业道德的衡量等诸多因素的整合，对其作出尽可能公正合理的裁判。

（五）法理情并重

讲法理是法官在裁判文书的说理部分惯用的方法，即在准确地反映立法本意和法律原则的前提下，运用法律语言解读法律和阐释法理。讲情理则是以情感做依托，讲世间常理和社会公理。结合个案的具体事实，借助于社会经验知识，作出既合乎法律又合乎情理的裁判才是一份有温度的裁判文书。

示例（摘录）：

> 审理查明，原告周某居住在长沙市某社区，部分社区居民经常在晚上 8 点左右到其楼下的人行道上跳广场舞，音响器材音量过大，严重影响其安静生活。周某报警要求某公安分局依法进行处理。某公安分局接警后，多次到现场劝说跳舞居民将音响音量调小，或者更换跳舞场地，但一直未有明显效果，原告遂向人民法院起诉，要求某公安分局依法处理。
>
> 法院认为，某公安分局对于原告报警所称的部分居民在原告楼下跳广场舞并使用音响器材这一行为是否存在违法事项，是否需要进行行政处罚等实质问题并未依法予以认定，遂判决某公安分局依法对周某的报案作出处理。

判决生效后，该公安分局又数次对跳舞的人们进行劝解、教育，并加强与当地社区的合作，引导广场舞队转移至距离原处百米之外的空坪上。原告所住的社区也在政府部门的积极协调和支持下，将在车站附近建设一块专门用于广场舞等娱乐活动的健身场所，既避免噪音扰民，又给跳舞健身爱好者提供自由活动的场所。

第五章　裁判文书语言与繁简分流改革

推进审判方式改革，推行裁判文书繁简分流，是落实深化司法体制综合配套改革部署要求的重要举措，也是人民法院适应时代发展的必然选择。2016年9月最高人民法院出台《最高人民法院关于进一步推进案件繁简分流优化司法资源配置的若干意见》。

《最高人民法院关于进一步推进案件繁简分流优化司法资源配置的若干意见》要求，根据法院审级、案件类型、庭审情况等对裁判文书的体例结构及说理进行繁简分流。复杂案件的裁判文书应当围绕争议焦点进行有针对性的说理。新类型、具有指导意义的简单案件，加强说理；其他简单案件可以使用令状式、要素式、表格式等简式裁判文书，简化说理。当庭宣判的案件，裁判文书可以适当简化。

《最高人民法院关于进一步推进案件繁简分流优化司法资源配置的若干意见》提出：发挥民事案件快速审判程序的优势。根据《民事诉讼法》及其司法解释规定，积极引导当事人双方约定适用简易程序审理民事案件。创新刑事速裁工作机制。总结刑事速裁程序试点经验，加强侦查、起诉、审判程序的衔接配合。简化行政案件审理程序。对于事实清楚、权利义务关系明确、争议不大的案件，探索建立行政速裁工作机制。与快审速裁配套，裁判文书的简化也势在必行。

以中部某省为例，2019年全省各基层法院审结诉讼案件60万余件，其中符合简单案件条件的大约有50万件，再按50%扣除以调解撤诉结案的案件数，意味着有近25万件审判案件，可以以简化方式制作裁判（判决）文书。那么，如何规范简化裁判文书的格式和语言，关系到繁简分流改革的效果，也是法官面临的新课题。

第一节 简化裁判文书的格式要求

简化的裁判文书,首先仍然是裁判文书,要具备裁判文书必备的法律属性、文体属性,虽简化了格式但要素要齐全,文字表述要做到既简洁又明确。

进行案件的繁简分流和裁判文书的繁简分流一直是人民法院改革纲要的重要和重点内容。

《最高人民法院关于进一步推进案件繁简分流优化司法资源配置的若干意见》第15条:"推行裁判文书繁简分流。根据法院审级、案件类型、庭审情况等对裁判文书的体例结构及说理进行繁简分流。复杂案件的裁判文书应当围绕争议焦点进行有针对性的说理。新类型、具有指导意义的简单案件,加强说理;其他简单案件可以使用令状式、要素式、表格式等简式裁判文书,简化说理。当庭宣判的案件,裁判文书可以适当简化……"最高人民法院相关负责人对此作出解读,指出推进案件繁简分流和裁判文书繁简分流是进一步突出解决制约审判效率主要问题的关键实招。

实际上,在《最高人民法院关于进一步推进案件繁简分流优化司法资源配置的若干意见》颁布实施之前,最高人民法院分别围绕民事审判、刑事审判和行政审判进行了有步骤的繁简分流试点,以简化裁判文书为主轴的裁判文书繁简分流也是试点的重点内容之一。

裁判文书的繁简分流,遵循简化体例结构和说理论证的原则进行。经过司法实践的不断探索和总结,简化裁判文书样式目前主要有表格式、令状式和要素式。

一、逐步趋于简化

简化裁判文书首先从简化格式开始。格式是外观,要保留裁判文书的基本要件,格式也决定内容,简化的裁判文书必须保持其作为裁判文书文体的最根本属性。裁判文书的简化过程是边实践边总结边推广的过程,通过试点指导,经过实践检验,不断总结优化再全面推行。正如最高人民法院大法官胡云腾在《认罪认罚从宽制度的理解与适用》一书开篇所言"将行之有效、可复制、可推广的司法实践经验上升为法律",通过各级法院试点试行等方式,探索出了一条符合中国特色社会主义法治道路的"实验性立法"有效途径。

(一) 民商事诉讼案件简式裁判文书

2016年7月,为配合修改后的《民事诉讼法》贯彻实施,最高人民法院发布《民事诉讼文书样式》,其中包括"小额诉讼程序令状式民事判决书""被告对原告主张的事实和诉讼请求无异议的小额诉讼程序表格式民事判决书",以及"简易程序和小额诉讼程序要素式民事判决书"样式。

2019年12月28日,第十三届全国人民代表大会常务委员会第十五次会议通过《关于授权最高人民法院在部分地区开展民事诉讼程序繁简分流改革试点工作的决定》,授权在部分中基层法院开展民事诉讼程序繁简分流改革试点工作。为此,最高人民法院制定《民事诉讼程序繁简分流改革试点实施办法》。

《民事诉讼程序繁简分流改革试点实施办法》第九条规定,适用小额诉讼程序审理的案件,可以比照简易程序进一步简化裁判文书,主要记载当事人基本信息、诉讼请求、答辩意见、主要事实、简要裁判理由、裁判依据、裁判主文和一审终审的告知等内容。第十四条规定,适用简易程序审理的案件,人民法院可以采取下列方式简化裁判文书:(1) 对于能够概括出案件固定要素的,可以根据案件要素载明原告、被告意见、证据和法院认定理由、依据及裁判结果;(2) 对于一方当事人明确表示承认对方全部或者主要诉讼请求的、当事人对案件事实没有争议或者争议不大的,裁判文书可以只包含当事人基本信息、诉讼请求、答辩意见、主要事实、简要裁判理由、裁判依据和裁判主文。简化后的裁判文书应当包含诉讼费用负担、告知当事人上诉权利等必要内容。

最高人民法院相关部门负责人就《民事诉讼程序繁简分流改革试点实施办法》的理解与适用文章作出进一步说明,为了配合试点工作开展,中国裁判文书网的文书上传系统已经做了优化调整,支持上传表格式、要素式裁判文书。

1. 令状式

"令状"一词,目前在我国的法律语汇中尚没有查阅到权威解释,单从字面理解,"令状"是用于强制推行一种权力的文件,或是授权某人做某事的命令书。

"令状"最早出现在英美普通法系的令状制度中,普通法系的令状制度主要内容在于命令接受令状的人去做或不做某事,包括提审令、禁止令、执行令、人身保护令、阻止令、宣告令等。

令状式裁判文书只记载当事人基本信息、诉讼请求、判决主文等内容,主要用于小额诉讼程序开庭审理的民事案件,法官当庭说明裁判理由,由庭审录音录像或者庭审笔录记录在卷,裁判文书不再载明裁判理由。这也就定义了令状式裁判文书是无需将说理载入,而直接赋予当事人某种权利,径行作出判决的裁判文书格式。

最高人民法院令状式裁判文书样式(2016年版)如下。

××××人民法院
民事判决书

(××××)……民初……号

原告:……(身份情况)。

被告:……(身份情况)。

(以上写明当事人和其他诉讼参加人的姓名或者名称等基本信息)

×××(写明当事人及案由)一案,本院于××××年××月××日立案后,依法适用简易程序,公开/因涉及×××(写明不公开开庭的理由)不公开开庭进行了审理,原告、被告(写明当事人和其他诉讼参加人的诉讼地位和姓名或者名称)到庭参加诉讼。本案现已审理终结。

原告向本院提出诉讼请求:1.×××,2.×××(明确原告的诉讼请求)。事实和理由×××(概述原告主张的事实和理由,可以非常简略)。

被告辩称,×××(概述被告答辩意见,可以非常简略)。

本院认为,×××(结合查明案件的事实,对诉讼请求作出评判)。

依照《中华人民共和国×××法》第×条,×××(写明

法律文件名称及其条款项序号),《中华人民共和国民事诉讼法》第一百六十二条规定,判决如下:

×××(写明判决结果)。

如果未按本判决决定的期间履行给付金钱义务,应当依照《中华人民共和国民事诉讼法》第二百五十三条规定,加倍支付迟延履行期间的债务利息(没有给付金钱义务的,不写)。

案件受理费×××,由×××负担(写明当事人姓名或者名称,负担金额)。

本判决为终审判决。

审判员×××

××××年××月××日

(院印)

书记员×××

该样式保留了传统一审简易程序民事案件判决书的首部和尾部,当事人身份、原告诉请部分的写作方法也没有变化,但省略了原告所述事实和理由、被告答辩意见,"查明事实""证据分析"和"法院认为"等内容综合在"本院经审理认定(简要概述本案主要事实)"部分里。

示例1(摘录):

SD省L县人民法院民事判决书

原告徐YH与被告庄HK、BH财产保险股份有限公司L县支公司机动车交通事故责任纠纷一案,本院依法适用简易程序,公开开庭进行了审理。原告的委托诉讼代理人、被告庄HK到庭参加诉讼,被告HB财产保险股份有限公司L县支公司经本院传票传唤无正当理由拒不到庭参加诉讼。本案现已审理终结。

本院经审理认定,2019年1月28日7时21分许,被告庄HK驾驶自己的LL××××号牌轻型普通货车由西向东行驶至HL线27KM+600M处时,与战SH无证驾驶的由西向东行使的无牌二轮摩托车发生碰撞,致摩托车乘车人徐某某受伤、车辆受损。经 L 县公安局交通警察大队认定，庄 HK 超车未确保安全负事故的全部责任。LL××××号牌轻型普通货车在 BH 财产保险股份有限公司 L 县支公司投保交强险和商业三者险各一份，事故发生在保险期内。原告要求赔偿医疗费 81153.95 元，应首先由保险公司在交强险范围内赔偿，不足部分在商业三者险限额内赔偿。被告庄 HK 关于原告支出的 1632 元无医嘱、医疗费用不合理的辩解意见与事实不符，不予采纳。

依照《中华人民共和国侵权责任法》第三条、第六条、第十六条、第二十六条、第四十八条、《中华人民共和国道路交通安全法》第七十六条规定，判决如下：……

该篇文书不再详述原告陈述事实和被告答辩意见，只在"本院经审理认定"一节载明案件主要事实和对当事人责任的划分，文字叙述也比较简洁。

2. 表格式

表格式简化文书是一种表格形式的裁判文书，通过表格载入当事人基本信息、诉讼请求、答辩意见、主要事实、简要裁判理由、裁判依据、裁判主文、一审终审的告知及诉讼费用负担等内容。

最高人民法院表格式裁判文书样式（2016 年版），见表 1。

表 1　表格式民事裁判文书样式

××××人民法院 民事判决书 案号		
原告	写明当事人基本信息	
被告	写明当事人基本信息	
案由	×××纠纷	
诉讼请求	1.×××，2.×××	

> 本院于××××年××月××日对本案小额诉讼程序公开/不公开开庭（写明不公开开庭理由）进行了审理，本案现已审理终结。
>
> 依照《中华人民共和国×××法》第×条，×××（写明法律文件名称及其条款项序号），《中华人民共和国民事诉讼法》第一百六十二条规定，判决如下：
>
> ×××（写明判决结果）。
>
> 如果未按本判决决定的期间履行给付金钱义务，应当依照《中华人民共和国民事诉讼法》第二百五十三条规定，加倍支付迟延履行期间的债务利息（没有给付金钱义务的，不写）
>
> 案件受理费×××，由×××负担（写明当事人姓名或者名称，负担金额）。
>
> 本判决为终审判决。
>
> 审判员×××
时　　间
（院印）
书记员×××

2019年年底开始进行民事诉讼程序繁简分流改革试点工作以来，从公开的部分试点法院表格式文书样式看，全文采用表格分栏分列的形式，但各地适用的版本不尽相同。表格部分一般横向分两栏，左边一栏为分类，包括"原告""被告""案由""立案时间""原告诉讼请求""被告答辩意见""查明主要事实""裁判理由""裁判依据""裁判内容"等，右边一栏载明具体内容，各地法院在分类上则略有区别，有的将"裁判理由""裁判依据""裁判内容"合并表述。文书上法院名称、案号等信息，有的法院仍保留传统的首部样式，也有的将法院名称和案号填入表格。见表2、表3。

表2　HN省YC县人民法院表格式民事判决书样式（局部）

原告诉讼请求	
被告答辩意见	
本院认定事实	
裁判理由	
裁判依据	
裁判内容	
诉讼费用负担	
权利告知	

表3　HB省WH市JH区人民法院表格式民事判决书样式（局部）

原告诉讼请求	
被告答辩意见	
本院认定事实	
判决主文　　　　　　　　　　　　　　　　　　　　审　判　员 　　　　　　　　　　　　　　　　　　　　　　　　书　记　员	

当事人最关注的是法院认定事实和具体判项，表格式裁判文书非常直观，能够清晰地让当事人了解裁判内容。

示例2（摘录，见表4）：

表4　HN省YC县人民法院民事判决书

案由	民间借贷纠纷
审理程序	民事小额诉讼程序
原告	
被告	
原告诉讼请求	1. 判令被告偿还原告借款本金2万元及利息，利息按照月利率1%计算自2017年4月12日至履行完毕之日止； 2. 本案的诉讼费用由被告承担。
被告答辩意见	被告未到庭，也未提交书面答辩意见及相关证据。
本院认定事实	原、被告系表亲戚关系。2017年4月12日，被告以工程需资金为由向原告借款2万元。原告当日将2万元现金交付被告，被告出具借条一张。双方未书面约定借款利息和借款期限。此后，被告未偿还借款。现原告诉至法院。原告提交证据借条和收款收据真实有效，本院予以采信，原告请求被告偿还借款2万元，合法有据，本院予以支持。原告其他主张无证据证明，本院不予支持。被告应自原告起诉之日起按照年利率6%支付原告资金占用期间利息。

续表

案由	民间借贷纠纷
裁判依据	（略）
裁判内容	被告于本判决生效后五日内偿还原告借款本金2万元，并自起诉之日起按年利率6%向原告支付资金占用利息至实际清偿完毕之日止。 如果未按本判决指定的期间履行给付金钱义务的，应当依照《中华人民共和国民事诉讼法》第二百五十三条之规定，加倍支付迟延履行的期间的债务利息。
诉讼费用负担	案件受理费200元，由被告负担。
权利告知	本判决为终审判决。

上述文书分项比较细化，文字也较为简洁，外观辨识度高，适合事实清楚争议不大且标的额在5万元以内的小额诉讼案件。

3. 要素式

根据最高人民法院《民事诉讼文书样式》（2016版），要素式民事裁判文书用于简易程序和小额诉讼程序要素式审判案件判决。要素式审判是针对能够概括出固定要素的案件，庭前要求当事人填写要素表，庭审围绕要素进行，此类案件的裁判文书则围绕着争议的特定要素，陈述当事人诉辩意见、相关证据以及法院认定的理由和依据来写作。

《民事诉讼文书样式》（2016版）以劳动争议案件为例的要素式民事裁判文书样式中，将传统简易程序裁判文书的首部，正文的当事人基本情况、案件来由和审理经过部分，以及尾部的迟延履行法律释明、案件受理费负担、审判组织等格式予以保留，只是在查明认定事实和诉讼请求处置部分采取逐项分述的方式。

本案查明的事实如下：

1. ……

原告主张及证据：×××。

被告抗辩意见及证据：×××。

法院认定及理由：×××。

2. ……

原告的诉讼请求：×××。

以上事项中，双方有争议的事项为第×项、第×项，其他事项双方无争议。

依照《中华人民共和国×××法》第×条、×××（写明法律文件名称及其条款项序号），《中华人民共和国民事诉讼法》第一百六十二条规定，判决如下：

×××（写明判决结果）。

《民事诉讼文书样式》（2016 版）对此作出说明。

要素式文书对于无争议要素（事实）用一句话概括，不再分开陈述原告、被告和法院三方意见。在具体写作方法上，要素式文书采用"夹叙夹议"的写作方法。

其他要素式裁判文书可以参照本文书样式进行撰写，各基层人民法院在审判实践中也可以根据案件具体情况作出适当调整。

上述要素式裁判文书样式适用于能够概括出固定要素的案件，比如诉请项目较多但法律规定给付标准明确的劳动争议、机动车交通事故责任纠纷、人身损害赔偿等纠纷案件，以及信用卡纠纷、物业合同纠纷等事实明确、诉请单一且标的额不大的案件。简易程序也可适用要素式裁判文书，但要增加上诉权利的告知项目。很多基层法院通过总结提炼类型化案件的固定要素，有一些很好的扩展运用。

示例 3（摘录）：

原告中国 PA 财产保险股份有限公司与被告谭 YY 保证保险合同纠纷一案，本院适用简易程序，公开开庭进行了审理。现已审理终结。

中国 PA 财产保险股份有限公司提出诉讼请求：

1. （略）；
2. （略）；
3. （略）。

根据要素式审判要求，本院结合庭审的举证、质证，对本案要素确定如下：

一、个人借款概况（略）。

二、个人借款保证保险概况（略）。

三、履行情况（略）。

本院认为，原、被告间的个人借款保证保险合同是双方的真实意思表示，原告已经代为被告向出借人理赔，现向被告追偿，有事实及法律依据，本院予以支持。

综上所述，依照……，判决如下：

一、（略）；

二、（略）；

三、（略）。

要素式裁判文书，是根据某类案件审理所需事实方面的固定要素，逐一进行罗列和评价（夹叙夹议）。采用要素式的裁判文书时，要与当事人要素表、要素式庭审结合。指导当事人填写诉讼要素表，既是对当事人的诉讼指引和服务，也是对法官的一种指引和约束，体现高度的当事人意思自治，保证庭审和裁判的针对性，从而实现简案快审。

（二）刑事速裁案件简式裁判文书

2014年6月，全国人大常委会授权最高人民法院、最高人民检察院在部分地区的基层法院开展刑事案件速裁试点工作。2016年7月，中央全面深化改革领导小组通过《关于认罪认罚从宽制度改革试点方案》，并经全国人大常委会授权最高人民法院、最高人民检察院在部分法院开展试点工作。直至2018年10月修改《刑事诉讼法》的决定通过，认罪认罚从宽制度得到完善并正式施行。刑事速裁和认罪认罚从宽制度的试点和施行，都包含了简化相关案件裁判文书的配套制度设计。

最高人民法院对刑事速裁程序试点提供了令状式、表格式的裁判文书样式。令状式、表格式裁判文书样式的首部与原有样式相同，正文部分进行了简化。

1. 令状式

令状式的正文部分采用信息填充式。

公诉机关以××号起诉书指控被告人犯罪。本院适用刑事案件速裁程序，实行独任审判，公开（或不公开）开庭进行了审理。

公诉机关指控，认为被告人具有……的处罚情节，建议判处被告人……（概括起诉书指控犯罪事实、量刑建议及理由）。

本院认为，公诉机关指控被告人犯罪，事实清楚，证据确实、充分，指控罪名成立，量刑建议适当，应予采纳。依照……的规定，判决如下：（略）。

适用刑事速裁程序或认罪认罚程序，是基于犯罪事实属于轻罪（应该判处一年以下有期徒刑或者三年以下有期徒刑及非监禁刑罚），且被告人认罪并同意公诉机关量刑建议，故裁判文书里可以省略"审理查明"部分，同时对"本院认为"部分作进一步简化，直接表述为对公诉机关指控的支持。

令状式刑事速裁裁判文书写作重点，是概括起诉书指控犯罪事实、量刑建议及理由的部分，既不能将起诉书一字不拉照搬，也不能简化得脱离起诉书本意，要做到语言准确、简练。

示例 4（摘录）：

公诉机关 GT 区人民检察院以××号起诉书指控被告人 GL 犯盗窃罪。本院依法适用速裁程序，实行独任审判，公开开庭进行了审理。现已审理终结。

公诉机关指控：1、2、3、4（多次盗窃，略），认为被告人 GL 以非法占有为目的，多次盗窃他人财物，数额较大，其行为触犯了《中华人民共和国刑法》第二百六十四条，应当以盗窃罪追究其刑事责任，且具有累犯、坦白、自愿认罪认罚的处罚情节，建议判处被告人 GL 有期徒刑十一个月，并处罚金人民币 7000 元。

被告人 GL 对公诉机关指控的犯罪事实、罪名及量刑建议没有异议，且签字具结，在开庭审理过程中亦无异议。

本院认为，被告人 GL 以非法占有为目的，多次秘密窃取他人财物，数额较大，已构成盗窃罪。公诉机关指控被告人 GL 犯盗窃罪，事实清楚，证据确实、充分，指控罪名成立。被告人 GL 因犯盗窃罪被判处有期徒刑刑罚执行完毕以后五年内，再犯应当判处有期徒刑以上刑罚之罪，系累犯，依法应当从重处罚。被告人到案后如实供述，依法可以从轻处罚。被告人自愿认罪认罚，可以从宽处理。公诉机关量刑建议适当，应予采纳。依照《中华人民共和国刑法》第×条、《中华人民共和国刑事诉讼法》第×条之规定，判决如下：（略）。

该篇文书基本按照样式制作，不过笔者认为，既然适用刑事速裁程序，表明被告人对公诉机关指控的罪名和量刑建议，包括从重从轻情节都是没有异议的，有具结书在案佐证，那么裁判文书"本院认为"部分可以省略认定罪名和从重从轻处罚的表述。

2. 表格式

表格式则采用表格分栏分列的方式。靠左边栏目为分类，包括了"被告人基本情况""公诉机关指控情况""被告人意见""判决理由""法律依据""判决结果""权利告知"，靠右边空栏则填充相应的具体内容。最后一栏为裁判文书"尾部"（署名、时间、院印）。见表5。

表5　表格式刑事判决书样式

| \multicolumn{3}{c}{××××人民法院} |
| \multicolumn{3}{c}{刑事判决书} |
		案号
被告人基本情况	姓名	出生日期	民族
	性别		
	此前所受法律处罚		
公诉机关指控情况	公诉机关	
	起诉书文号	
	指控事实	简要概述指控的犯罪事实
	指控罪名	
	量刑建议	
被告人意见		
判决理由		
法律依据		
判决结果		
权利告知		
\multicolumn{3}{c}{尾部}

表格式刑事裁判文书直接将裁判文书要表达的内容采用表格方式分列，并将公诉机关的主要公诉意见进行二级分列，各项内容清晰简明。

表格式刑事裁判文书亮点在于公诉机关的指控情况，不用大段复述起诉书，而且将指控事实、指控罪名、量刑建议分别列出，一目了然。但"简要概述指控的犯罪事实"的写作要旨，也对法官的语言驾驭能力提出了更高要求。

示例 5（摘录）：

SX 省 LL 县人民法院表格式刑事判决书

"指控事实"一栏：某年某月某日 20 时许，被告人刘某在 LL 县城内某小区门口，将被害人刘某停放于此的一辆红色豪爵牌二轮摩托车盗走。案发后，上述摩托车被 LL 县公安局依法扣押并发还被害人。经 LL 县发展和改革局价格认定中心认定，上述摩托车价值人民币 3303 元。

上述裁判文书"指控事实"部分，时间、地点、经过、犯罪数额等量刑评价要素均归纳得简明扼要，但被告人归案情况没有予以载明，致使整个犯罪事实的表述不够完整，因为归案经过可能涉及是否有自首、主动交待尚未掌握的犯罪事实等有利于被告人的量刑情节，比如"根据报案线索公安机关将其抓获"，或者"在公安机关一般性盘查时主动交待"等，因为这些情节与"当庭如实供述"的情节是作分别评价的，关系到量刑是否准确。

（三）简易程序行政诉讼案件简式裁判文书

行政诉讼是公民、法人或者其他组织认为行政机关和行政机关工作人员的行政行为侵犯其合法权益，向人民法院提起的诉讼。

行政诉讼具有"民告官"的显著特性，是监督政府依法行政的立法安排。正因为这一特殊属性，行政诉讼裁判文书要对被诉行政行为认定的事实、适用的法律规范和处理的内容等逐一进行详尽说理，所以行政诉讼裁判文书篇幅通常情况下都比较长。

2010 年 11 月，最高人民法院发布并实施《关于开展行政诉讼简易程序试点工作的通知》，首次进行行政诉讼案件的繁简分流、行政诉讼简易程序的改革试点。2014年11月，全国人大常委会决定通过修改《行政诉讼法》的决定，新修正的《行政诉讼法》第七章增加第三节"简易程序"相关条款，正式将简易程序纳入行政诉讼程序体系。

为推动行政诉讼简易程序的实施，2015年4月最高人民法院配套出台《行政诉讼文书样式》，发布了请求撤销、变更行政行为类和请求履行法定职责或给付类的简易程序裁判文书样式。

《行政诉讼文书样式》（2015版）编者就行政诉讼案件简易程序裁判文书的样式作出说明：行政简易程序裁判文书更加强调裁判文书的论理性和可读性，注重文书撰写的繁简得当，重视文书对法理问题和争议问题的阐述分析。更加强调文书规范化和个性化的统一，在确保裁判文书基本要素完整、主要结构规范的同时，也注意兼顾为各级人民法院和法官个人对文书的发展续造预留空间。新样式在格式方面也有一些创新，比如要求所有的判决书都要以附录方式载明所适用的相关法律依据，以当事人看得见、听得懂、能理解的方式实现司法公正。

以2015版的《行政诉讼文书样式》为例。

"一审请求撤销、变更行政行为类简易程序行政判决书"和"一审请求履行法定职责或给付类简易程序行政判决书"均由首部、正文（事实、理由、判决结果）和尾部三部分组成，主要是简化了"审理查明""证据论证"和"本院认为"部分，并且在审判组织落款后要求附"本判决适用的法律依据"。

经审理查明，……（根据案情复杂程度，如果在被诉行政行为的记载部分已经写明案件事实，且当事人无争议的，该部分可酌情略写）。

以上事实有当事人提交的……（列举双方当事人的主要证据）在案佐证。（对于双方当事人有争议且对案件事实认定有实际影响的证据，应当写明采纳或者不采纳的意见；"经审理查明"部分已经与案件来源部分的叙述合并，且双方当事人对证据无争议的，该部分也可不写）。

本院认为，……（写明判决的理由）。依照……（写明判决所依据的法律以及相关司法解释的条、款、项、目）的规定，判决如下：

……（写明判决结果，参照一审请求撤销、变更行政行为类案件判决书样式）。

关于附"本判决适用的法律依据"部分，要求根据案件的不同需要，将裁判文书中"本院认为"部分所适用的行政实体法律规范和裁判所直接依据的《行政诉讼法》和相关司法解释的相关条款的内容载入。顺序按行政实体法律规范、行政诉讼法和司法解释次序排列，并按1、2、3、4序号列明。

示例6（摘录）：

JS省NT市KF区人民法院原告梁某某诉被告HM公安局交通警察大队行政处罚一案行政判决书：

原告提交证据：1.×××；2.×××；3.×××。

被告提交证据：1.×××；2.×××；3.×××。

经审理查明，某年某月某日某时，原告梁某驾驶电动自行车沿路逆向行驶至某十字路口处，被执勤民警李某发现，民警指令交通协管员前往制止原告逆向行驶的违法行为，随后民警在听取原告陈述申辩后，按照简易程序对原告逆向行驶的违法行为作出罚款二十元的行政处罚，并出具了编号为某号的简易程序处罚决定书。原告以被告未经《中华人民共和国行政许可法》许可，将《中华人民共和国道路交通安全法》的执法权授权于无执法资格人员对原告强行拦车行为违法；被告作出处罚时剥夺原告的陈述申辩权，程序违法为由诉至本院，请求：1.撤销编号某号的公安交通管理简易程序处罚决定书；2.判令被告赔偿原告二十元。

该案中，双方当事人对事实经过没有异议，争议焦点是被告纠正违章行为是否具有合法性。裁判文书"审理查明"有关事实经过部分叙述较为简洁，并且将案件来源合并表述，符合样式要求。

本院认为，原告违反交通法规逆向行驶属实，原告本人对此无异议。被告作出被诉行政处罚决定认定事实清楚、适用法律准确、程序合法。其一，被诉行政处罚具有事实根据，原告不具备免除处罚的正当事由。原告行为显然与《行政处罚法》第二十七条第二款规定的不予处罚情形不相符。原告逆向行驶的行为不具有不予处罚的法定事由。

其二，被诉行政处罚适用法律准确。根据《道路交通安全法》第八十九条规定，行人、乘车人、非机动车驾驶人违反道路交通安全法律、法规关于道路通行规定的，处警告或者五元以上五十元以下罚款……原告逆向行驶属于非机动车驾驶人违反道路交通安全法律、法规其他通行规定的情形，被告执勤民警依法对其处以罚款二十元适用法律准确。

　　其三，被诉行政处罚程序合法。根据《交通警察道路执勤执法工作规范》规定，交通协管员有权在交通警察指导下，维护道路交通秩序，劝阻违法行为。根据被告提供的现场执法视频显示，被诉行政处罚系由执勤民警李某作出，交通协管员只是对原告逆向行驶的违法行为予以劝阻，并未行使执法权，原告诉称拦截行为违法无事实和法律依据。被告执勤民警依照简易程序当场作出行政处罚程序合法。被告对原告逆向行驶的违法行为当场作出罚款二十元的行政处罚决定并出具行政处罚决定书符合《道路交通安全法》《道路交通安全法实施条例》规定。根据被告提供的现场执法视频显示，执勤民警已经听取了原告的陈述和申辩，因原告理由不成立故未采纳其申辩意见，并不存在剥夺其陈述申辩权的行为。

　　上述说理部分条分缕析，有针对性围绕争议焦点一一进行说理，三条说理充分且必要，层次分明。首先是简要叙述引起诉讼的交通违章事实，因原被告对此没有异议，就不必拘泥于过程细节的表述。接着是适用相关法条，对原告方的违章行为构成、是否应予处罚边叙边议，推导出违章事实存在，依法应给予处罚的结论。最后一条是论证行政处罚人的处罚行为是否具有法律依据，处罚程序是否合法。整体的说理语言也比较简练，举证部分对双方提交证据只作罗列，不再逐一论证，而是在说理一段用夹叙夹议方式，对关键证据进行论证，佐证说理。

　　在裁判文书上以附录方式载明所适用的相关法律依据，是行政审判的创新之举。行政诉讼涉及的行政法律法规范围非常广泛，专业性比较强，将法律条款进行明示，有利于帮助当事人理解法律，也能够为大众提供案例指引借鉴。

二、保持形制完整

简式裁判文书一直在创新的过程中，最高人民法院推出了试行样式，也允许根据具体情况作适当调整，各地法院也多有探索，但毕竟改革裁判文书还是一个新生的事物，需要法律人特别是法院人接续不断地总结改进，更需要社会的广泛支持和参与。期望本文的粗浅探讨能够对研究简式裁判文书有所裨益。

一篇优秀的裁判文书就是一篇好的法治公开课教材。简式裁判文书符合难案精审、简案快审的繁简分流趋势，满足当今人们快节奏的生活方式，也可以大量节省司法资源。但是，无论是令状式、表格式还是要素式，简化的裁判文书仍然属于裁判文书的文体，在体例结构上要体现法律文书的严谨，说理论证也要维护司法的严肃，最重要的，是要以当事人能看懂、能理解为标准。

（一）体例的要求

简式裁判文书的体例一定要符合裁判文书对体例的基础要求。首先是在语言方面，要符合法律语言规范，比如表格式文书，对于分格所列的分类项，"原告""被告""案由""立案时间""原告诉讼请求""被告答辩意见""查明主要事实""裁判理由""裁判依据""裁判内容"等属于诉讼专用词语，不可随意改换或生造。语言规范的要求，也应该遵守裁判文书的所有规则，本书有关章节有专门论述，此处不再赘述。

（二）结构的要求

简式裁判文书，最直观感受的是外观形制简化，比简易程序裁判文书更简化，但是其基本的主干结构要保持完整。

1. 首部

现在试行的民事小额程序裁判文书表格式样式与刑事速裁程序裁判文书表格式样式的首部有所不同。

民事小额诉讼表格式判决书，见表6。

表6　民事小额诉讼表格式判决书

××××人民法院
民事判决书

案号

原告	写明当事人基本信息
被告	写明当事人基本信息

刑事速裁表格式判决书见表7。

表7　刑事速裁表格式判决书

××××人民法院
刑事判决书

案号

被告人基本情况	姓名		出生日期		民族	
	性别					
	此前所受法律处罚					

"××××法院""××判决书"字样组成的裁判文书首部，是我国裁判文书区别于其他公文文体，具有标志性的独特外观形制。不管是普通程序、简易程序的裁判文书，还是令状式、表格式、要素式等简式裁判文书，不管是民事裁判文书，还是刑事裁判文书、行政裁判文书，一起集合成我国裁判文书的完整体系，从维护裁判文书严肃性考虑，应该保持首部在格式上统一。笔者更倾向于简化裁判文书的首部，与普通程序、简易程序裁判文书首部保持一致。

2. 正文

简式裁判文书的正文，是结构变化最大的部分，不再以整段叙述的方式呈现，而是提炼案件关键要素后简要表述。比如表格式是将必要的信息通过表格分列，要素式是将提炼的固定要素用高度概括的语言逐一分段表述，不再加以具体阐释。所要表述的核心事实（要素）根据不同案件性质提炼出较为固定的要素。

有的类型的案件要素比较单一，比如民事案件中的民间借贷纠纷案件，核心要素有本金、利息和违约金，而劳动争议、人身损害类等纠纷要素项目多，采取固定要素的罗列可以防止漏项漏算。

以机动车交通事故责任纠纷民事案件表格式裁判文书为例，见表8。

表8　机动车交通事故责任纠纷民事案件表格式裁判文书

	序号	赔偿项目	金额	计算依据及计算公式
事实认定	1	财产损失		
	2	医疗费		
	3	护理费		
	4	误工费		
	5	住宿费		
	6	住院伙食补助费		
	7	营养费		
	8	残疾赔偿金		
	9	被扶养人生活费		
	10	残疾辅助器具费、康复费、后续护理费		
	11	死亡赔偿金（含被扶养人生活费）		
	12	丧葬费		
	13	精神抚慰金		
	14	其他（主要指已付款的情况）		
	15	合计		
	16	交强险赔付		
	17	商业险赔付		

单就表格内的列项看，每一项非常明白，也很齐全，但限于纸张的篇幅，会有转页码的情形出现，反而显得标示不清，一定程度影响了整体效果。

要素式列项较多，比如劳动争议纠纷案件的要素多达三十多项。

一、入职时间：

二、签订书面劳动合同时间：

三、合同期满时间：

四、劳动者工作岗位：

五、合同约定的工时制度、每月工资数及工资构成：

六、劳动者实际实行的工时制度、领取的每月工资数及工资构成：

七、参加社会保险的时间和险种：

八、发生工伤时间：

九、住院起止时间：

十、工伤各项费用：

十一、伤残等级鉴定时间：

十二、受伤后至劳动能力鉴定前工资发放情况：

十三、×××上年度职工月平均工资：

十四、用人单位需支付的保险待遇种类及金额：

十五、加班时间：

十六、加班工资计算基数：

十七、应发工资金额：

十八、实发工资金额：

十九、欠发工资及加班工资数额：

二十、解除或终止劳动关系前十二个月劳动者的月平均工资数额：

二十一、劳动者的工作年限：

二十二、解除或终止劳动关系的原因：

二十三、解除或终止劳动关系的时间：

二十四、解除或终止劳动关系经济补偿金或赔偿金数额：

二十五、应休年休假：

二十六、扣除加班工资后的本人工资数额：

二十七、未休年休假工资：

二十八、未签订书面劳动合同的二倍工资：

二十九、双方发生劳动争议的时间：

三十、申请仲裁时间：

三十一、仲裁请求：

三十二、仲裁结果：

三十三、需要说明的其他事项：

……

上述要素将金钱给付类和程序类混合排列，给阅读带来不便，如果采取分类式，按照事实性质分为劳动关系事实、造成损失事实、争议处理经过事实等逐项列明，显得更清晰明确。

3. 尾部

尾部是审判组织、时间的落款和法院印章。表格式裁判文书的尾部样式有两种，一种是将落款写入表格，一种是保持传统文书的尾部样式，在表格之外的右下方落款，见表9。

表9　尾部样式

审判员××× 年月日 （院印） 书记员×××

表格内落款的样式，是在表格的右顶格落款，占用四排字符，因上下幅面和右边边距过窄，使带有国徽的院印不能完全置于表格内或越过装订线，影响整体美观。

（三）逻辑的要求

简式裁判文书依然要遵循裁判的逻辑要求，通过表述"是什么""为什么""怎么样"的逻辑思维三段式，完整呈现"裁"的过程和"判"的结果，任何一项都不可或缺，只是表述的方式更加简略。"查明事实"厘清"是什么"，"本院认为"回答"为什么"，"判决结果"作出"怎么样"结论。

《民事诉讼文书样式》（2016版）令状式小额诉讼程序判决书样式明确要求在"本院认为"一段，将"审理查明"（是什么）和"本院认为"（为什么）这两项合二为一，结合查明的案件事实，对诉讼请求作出评判，而并不是简单地省去对案件事实的表述。

三、繁简详略得当

公正永远是司法的最高价值追求。配合诉讼的繁简分流，简式裁判文书是为了完善审判资源的优化配置，实现程序简化、效率提升、公正提速，满足人民群众多元司法需求，维护人民群众合法权益的目标。推行简化式裁判文书，不能为简而简，必须在坚守公正底线的前提下，实现效率最大化。

（一）语言朴实

裁判文书繁简分流改革的出发点是要"以当事人看得见、听得懂、能理解的方式实现司法公正"，让当事人和社会公众从内容到形式都能够认可、信服和接受法院的裁判。

"看得见"在于通过裁判文书，实现司法的程序公开、过程公开、结果公开，努力让人民群众在每一个司法案件中感受到公平正义。

"听得懂"在于"说人话"，用百姓语言讲好法律故事，坚决摒弃简单问题复杂化的论理逻辑，防止法律语言的学究化倾向。

"能理解"在于把事实摆清楚，把法理说明白，充分体现法律的温度与人文关怀，符合群众的朴素正义观，弘扬社会主义核心价值观。

（二）文字精当

在篇幅有限的情形下，要更加注重表述文字的精当。

裁判文书中要求对当事人叙述进行高度概括，简化的是案件事实发生发展的过程，保留的是结果。

示例 7（摘录，见表 10）：

表 10　AH 省 AQ 市 YX 区人民法院民事判决书

诉讼请求	一、要求两被告赔偿原告各项损失 185701.1 元； 二、本案诉讼费由被告承担。
查明事实	2019 年 7 月 31 日 13 时 20 分，被告一驾驶车牌号为某号的小型客车，沿迎宾路由西向东行驶至事故路段时，与横过人行横道的行人原告发生刮撞，致原告受伤。 该事故经公安局交通警察支队勘察认定：被告一负全部责任，原告无责任。 被告二承保被告一的车辆交强险，被告一未办理其他商业险。

上述案件原告起诉状详细叙述了事故发生的经过，提出了具体的诉讼请求并说明理由，但与事故经过相比，事故责任才是决定原告诉讼请求是否会

得到支持的关键。事故的结果和责任由鉴定机关和公安交管部门认定，裁判文书完全可以省略原告、被告分别叙述的事故经过，只载明事故的结果和责任认定。如果事故责任认定和鉴定意见与查明事实不符则另当别论。

若法律责任明确，则依照对应的法律条款进行裁判，这是原因和结果的关系，省略定责的论证过程，省略法律关系与法律后果的表述内容，不会影响裁判的结果。

（三）以人为本

司法裁判终究是对人的法律归责。对于关系到婚姻家庭、个人社会评价的民事案件，只要不涉及需要谴责危害社会公德和家庭美德的违法行为，司法也应体现对人的尊重。适用简化的裁判文书，有助于保护隐私。比如离婚案件、继承案件、劳动争议案件，还有侵犯未成年人人身权利的案件，裁判文书需要载明一些涉及当事人家庭、个人的隐私信息时，除了采取隐名的方式，符合简式裁判文书程序审理的，尽量适用简化版的裁判文书，将个人合法隐私暴露可能性降到最低，体现司法的良善。离婚案件、继承案件有关分割财产的部分，不影响确定权利和执行程序的，可以在裁判文书后另附财产清单；劳动争议纠纷案件只在裁判文书正文中载明应支付金钱的总额，另在裁判文书后附应给付金钱的具体明细。

第二节　简化裁判文书的方法与原则

不论是诉讼程序的繁简分流改革，还是裁判文书的繁简分流改革，都是新时期司法体制改革系统性工程的重要内容。要遵循改革规律，由点到面循序渐进。要遵循司法规律，保障程序法和实体法的正确实施。要坚持实事求是，正确处理新情况新问题。

一、简化的原则

最高人民法院院长周强在向全国人大常委会所作《〈关于授权在部分地区开展民事诉讼程序繁简分流改革试点工作的决定（草案）〉的说明》中谈

到，为进一步从诉讼制度和机制层面提升司法效能，满足信息化时代人民群众高效、便捷、公正解决纠纷的需求，有必要改进和完善部分民事诉讼程序规则。

《全国人大常务委员会关于授权最高人民法院在部分地区开展民事诉讼程序繁简分流改革试点工作的决定》明确，为进一步优化司法资源配置，推进案件繁简分流、轻重分离、快慢分道，深化民事诉讼制度改革，提升司法效能，促进司法公正，授权最高人民法院在部分中基层人民法院开展民事诉讼程序繁简分流改革试点工作。试点工作应当遵循民事诉讼法的基本原则，充分保障当事人诉讼权利，促进提升司法效率，确保司法公正。试点期满后，对实践证明可行的，应当修改完善有关法律；对实践证明不宜调整的，恢复施行有关法律。

（一）简而不减"诉""讼"本质

诉讼活动，因"诉"而起，经"讼"而平，"诉"即诉求、控告；"讼"是为争辩是非曲直。裁判文书是诉讼过程和结果的载体，无论适用什么程序审理的案件，裁判文书的性质和作用没有改变，特别是简化裁判文书，应做到简而不减，简在文字表述，但不得减损当事人诉讼权利。实践中应主要从以下几方面来把握。

1. 充分保障诉权

三大诉讼法的繁简分流改革试点都强调充分保障当事人诉讼权利，不得因简化程序而减损当事人答辩、举证、质证、陈述、辩论等诉讼权利。庭审可以不受法庭调查、法庭辩论等环节限制，法庭调查和法庭辩论程序合并运用，既保障当事人诉讼权利又能够提高庭审效率。反映在裁判文书上，将查明事实和辩论意见进行合并表述。适用速裁程序庭审时，当事人如无新的事实和证据，可以不再进行法庭调查和辩论程序，裁判文书不用表述辩论意见，但应将原告诉讼请求载入裁判文书。

2. 彰显裁判功能。

诉讼就会有结果，裁判文书是司法活动的终极产品，书写的是公平正义，产品的质量仍然是第一位的，适用简式裁判文书更应注重文书的制作质量，做到"一锤定音"定分止争，案结事了。

3. 公平效率并重。

开展诉讼程序繁简分流，裁判文书的繁简分流，出发点和落脚点都是维护公平正义，同时适应社会生活快节奏的变化，满足人们对司法便利高效的新期待。公平正义是价值追求，便利快捷是实现公平正义的方法手段，简化审判程序和简化裁判文书，不能以牺牲公平正义为代价。事实清楚、证据确实充分永远是衡量裁判质量的最重要标准，在此基础上实现便捷高效，最终达到提升司法效能，促进司法公正的社会效果和法律效果的统一。

（二）简而兼济 "审" "书" 互补

让案件审理过程形成的诉讼档案"活"起来，让审判活动记录与简化裁判文书在内容上形成互补，有效为裁判文书"瘦身"。

1. 庭前会议

庭前会议完成证据交换、质证论证，庭前会议记录是诉讼档案的一部分，当事人可以复制留存和查阅，如经庭前会议确定的无争议事实和证据，庭审时可以不再举证、质证，并作为定案依据。据此，简式裁判文书可以概括表述经庭前会议确定的相关事实和证据。

2. 诉辩意见

当事人诉辩意见在案佐证，裁判文书只需载明当事人诉辩意见。审判过程中，有当事人提交的诉辩意见，有供当事人勾选的要素表等书面材料附卷，审理期间和开庭时，当事人还可以充分发表各自意见，并记录在案。适用简易程序审理案件的简式裁判文书中，只需围绕当事人争议焦点，载明双方结论性意见，不必全部复述当事人陈述。

3. 庭审记录

庭审是开展审判活动的重要载体，庭审记录将庭审活动以文字或声像的形态留存，一经签字确认具有法定的证明力。随着信息化技术在法院的深度运用，庭审活动记录正在由传统纸质的静态方式向音视频数字化存储方式过渡，庭审同步录音录像实现了可再现、可还原、可追溯，传播的时空维度得到无限扩展。据了解，有地方法院正在开展庭审记录方式改革试点工作，明确适用速裁程序审理的刑事案件，适用小额诉讼程序审理的民事案件，适用简易程序审理的刑事、民事、行政案件可以采用庭审录音录像替代庭审笔录。充分发挥庭审同步录音录像为裁判文书服务的优势，简式裁判文书在表述庭审经过、庭上当事人辩论过程时可以"当简则简，应简尽简"。

（三）简而达意"法""理"分明

裁判文书主文的核心内容是依法论事，简式裁判文书主文的主干核心内容也要依法见"法"，论事见"理"。

1. 裁判依据不能省

法律是裁判的依据，简式裁判文书采取罗列式的表述方式载入法律条款，并在文书后另附法律条文，体现依法审理和依法裁判，也是检验案件适用法律是否正确的重要依据。刑事认罪认罚简易程序和行政简易程序的裁判文书样式对此都作了具体要求。

2. 裁判道理讲明白

裁判有其自身的思维逻辑、因果推演逻辑和法律适用逻辑，案件事实和裁判结果间必须符合法律的定性定量规则。法官的上述思维活动，是通过裁判文书以语言表述的方式外化呈现给当事人，从案件事实到裁判结果，其间的"为什么"务必明白无误。

3. 裁判内容要明确

裁判文书关于是非对错的认定，必须坚持"以事实为依据"，载明的案件事实不能遗漏。对当事人法律责任的裁判，严格"以法律为准绳"，切不可出现适用法律条款错误。

二、简化的方法要领

裁判文书是司法文件，具有约束功能和强制执行力。很多法官在诉讼程序繁简分流和裁判文书繁简分流实践中，囿于固有的思维定式，存在不敢运用、不会运用的畏难情绪，担心新的文书样式掌握不熟练出现错漏，更担心论理不透彻当事人不理解，最后呈现出来的简式裁判文书，该简化的没简化。有的令状式裁判文书长篇大论，反复论证。有的表格式裁判文书，与原有的格式比，一个字没少，只是将旧版的文字套在了表格里。

推行裁判文书的繁简分流是大势所趋，需要掌握一定的方法要领。

(一) 夹叙夹议

简式裁判文书中,事实问题和法律问题由分别表述简化为夹叙夹议方式,事实描述结合法律进行评判,强化针对性,便于当事人理解,也充分保障了当事人对适用法律的知情权。

1. 先叙后议

先叙后议要求先摆事实再说理,摆的事实是根据法律认定了的事实。传统的文书是按照当事人诉辩意见、证据分析、认定事实、证据采信这样的逻辑链条来表述对案件事实的确认和否定,对于简单案件来说,这种表述方式过于烦琐,简式裁判文书只载明经过法官判断认定的事实。说理的表述则紧密联系已经认定的事实,不予认定、不予采信的内容无需过多表述。

示例 8(摘录,见表 11):

表 11 示例表

原告诉讼请求	1. 判令被告偿还原告借款本金 2 万元及利息,利息按照月利率 1% 计算自 2017 年 4 月 12 日起至履行完毕之日止; 2. 本案的诉讼费用由被告承担。
被告答辩意见	被告未到庭,也未提交书面答辩意见及相关证据。
本院认定事实	原、被告系表亲戚关系。2017 年 4 月 12 日,被告以工程需资金为由向原告借款 2 万元。原告当日将 2 万元现金交付被告,被告出具借条一张。双方未书面约定借款利息和借款期限。此后,被告未偿还借款,现原告诉至法院。原告提交证据借条和收款收据真实有效,本院予以采信,原告请求被告偿还借款 2 万元,合法有据,本院予以支持。原告其他主张无证据证明,本院不予支持。被告应自原告起诉之日起按照年利率 6% 支付原告资金占用期间利息。

上述示例认定事实紧紧围绕借款是否成立、本金以及利息计算展开,事实是"被告向原告借款 2 万元,原告已将借款实际交付被告,被告出具借条

一张，双方未书面约定借款利息和借款期限"，故支持原告本金诉请，不支持利息诉请，整段文字叙得逻辑严密，议得简练明了。不支持的道理既包含诉讼规则（"谁主张，谁举证"），也包含民事行为规则（行为人风险自担），这些内容依据一般社会常识即可理解，无需过度论证阐释。

2. 边叙边议

边叙边议要求就事论事，联系案件事实条分缕析进行说理。针对案件事实要素数量上比较多实际案情并不复杂的案件，适用边叙边议方式，表述上分门别类边摆事实边讲道理，更能体现夹叙夹议的优势。

根据诉辩双方有争议与无争议的内容进行划分，以物业合同案件为例。

本案查明的事实如下：

一、小区名称：×××；位置：×××。

二、房产位置：×××；面积：×××；用途：×××。

……

以上事项原被告双方无争议，本院予以确认。

一、拖欠物业服务费用的类型：×××。

二、拖欠物业服务费用的原因：×××。

……

以上事项双方有争议。原告为此举证：×××。被告为此举证：×××。本院认定……

无争议的事实只作确认，有争议的问题作简要评判。

也可以根据事实的类型划分，以劳动争议案件为例。

一、劳动关系的事实

1. 签订书面劳动合同时间：

2. 最后一次签订劳动合同起止时间：

3. 入职时间：

……

以上事项中，双方有争议的为第×项、第×项，其他双方无争议。对有争议的，原告举证：×××，被告举证：×××，本院综合认定。

二、约定工资待遇、实际履行劳动报酬的事实

1. 合同约定的每月工资数及工资构成：

2. 劳动者实际领取的每月工资数及工资构成：

……

以上事项中，双方有争议的为第×项、第×项，其他双方无争议。对有争议的，原告举证：××，被告举证：××，本院综合认定。

三、工伤认定事实

1. 发生工伤时间：

2. 工伤认定情况：

3. 伤残等级鉴定结果：

……

以上事项中，双方有争议的为第×项、第×项，其他双方无争议。对有争议的，原告举证：××，被告举证：××，本院综合认定。

四、原告享有待遇事实

1. 工伤待遇：

2. 因支付劳动报酬：

3. 解除或终止劳动关系补偿：

……

以上事项中，双方有争议的为第×项、第×项，其他双方无争议。对有争议的，原告举证：×××，被告举证：×××，本院综合认定。

五、劳动争议纠纷程序性事实

1. 发生劳动争议的时间：

2. 申请仲裁时间：

3. 仲裁请求及结果：

……

以上事项中，双方有争议的为第×项、第×项，其他双方无争议。对有争议的，原告举证：×××，被告举证：×××，

本院综合认定。

上述示例事实及认定部分，从前到后各类别具有递进的关联关系，分类表述层次更加分明。

3. 高度概括

高度概括要求字数极简和内容凝练。极简不意味随意，凝练不代表潦草。在简式裁判文书中，对事实认定的表述一定要抓住构成法律关系的基本要素来写作。

比如刑事速裁的盗窃案件，案发时间关涉追溯时效、追溯年龄，案发地点关涉审判管辖，盗窃物品价值关涉定罪量刑，归案经过和赃物去向等情况关系宽严评价，而盗窃过程、委托赃物鉴定经过等非定罪量刑情节可以省略。

示例 9（摘录）：

公诉机关指控：2014 年 12 月 11 日 1 时许，被告人陆某在位于本辖区的市儿童医院门口盗得价值人民币 2111 元的电动自行车一辆，在其逃离现场时被抓获，赃物已发还；2015 年 3 月 29 日 19 时许，被告人陆某在位于本市地铁 CG 路站 A 出口处盗得价值人民币 3400 元的电动自行车一辆，在其逃离现场时被抓获，赃物已发还。公诉机关认为，被告人具有前科劣迹、自愿认罪的处罚情节，建议判处被告人陆某一年以下有期徒刑，并处罚金。被告人陆某对指控事实、罪名及量刑建议没有异议且签字具结，开庭审理过程中亦无异议。

上述示例中，并没有全文照抄公诉机关指控，而是只概括与定罪量刑评价有关的必要情节。被告人第一次盗窃行为数额没有达到追诉标准，与第二次盗窃一并处罚。适用速裁程序审理，被告人对公诉机关指控没有异议，那么被盗电动车是什么牌子，怎么盗窃得手（乘人不备或是使用工具），办案机关委托赃物鉴定的过程等情节，这些不影响定罪量刑的情节，裁判文书中均不再予以载明。

适用简易程序审理的民事案件，对于双方当事人明确表示对案件事实没有争议或者争议不大的，裁判文书可以只包含当事人基本信息、诉讼请求、答辩意见、主要事实、简要裁判理由、裁判依据和裁判主文。

示例 10（摘录）：

原告请求：……

主要事实：被告原系车牌号为某号小型客车车主，该车辆于 2017 年 9 月 1 日变更车主为朱某。自 2017 年 2 月 8 日起至 2017 年 8 月 31 日止，上述车辆共欠缴原告停车泊位使用费 944 元、逾期缴费损失 64 元。被告对事实和证据没有异议，无答辩意见。

裁判理由：原告诉请属实，应予支持。

裁判依据：（法律条款）……

裁判主文：被告于本判决生效之日起十日内向原告支付泊车费 944 元、逾期缴费损失 64 元，共计 1008 元。

（二）告知释明的方法要领

裁判者进行告知释明，既是权力也是义务。通过向当事人告知法律规定让其明白应承担的法律后果，通过主动向当事人释明让其知晓自身权利义务，方能依职权作出裁判。

案件审理的整个过程中，需要进行告知和释明的内容有很多，本文主要讨论简式裁判文书中应载入的告知和释明方法要领。

1. 主动明示

最高人民法院发布的简式裁判文书样式，对相关释明和告知内容作了具体要求。包括适用程序的确定及后果告知、附载适用的法律条款释明。

刑事速裁案件的裁判文书需载明：本院适用刑事案件速裁程序，实行独任审判，公开开庭审理了本案。与文书查明事实段落表述的"被告人对指控事实、罪名及量刑建议没有异议且签字具结，开庭审理过程中亦无异议"形成呼应。

民事小额诉讼程序案件的裁判文书需载明：……（写明当事人及案由）一案，本院于×××年××月××日立案后，依法适用小额诉讼程序，公开（或不公开）开庭进行了审理。符合小额诉讼程序要求的案件，属于必须适用的情形，适用小额诉讼程序意味着是一审终局，当事人没有上诉权，故在文书的判项表述段落后，应另起一行，特别标注"本判决为终审判决"。

简式裁判文书因简化了论证和说理，对适用的法律条款只作引用，一般不再阐释条文内容，但可根据审理案件需要，主动进行法律释明工作。民事诉讼简式裁判文书样式和行政简易程序裁判文书样式要求，在裁判文书后另附适用法律条款的具体内容，是对简式裁判文书的有益补充，同时在向当事人送达裁判文书时，应当做好主动释明、积极引导等工作，促进案结事了。

如《行政诉讼文书样式》（2015版）要求简易程序行政裁判文书应附"本判决适用的法律依据"并对此作出说明：根据案件的不同需要，应当将裁判文书中"本院认为"部分所适用的行政实体法律规范和裁判所直接依据的行政诉讼法和相关司法解释的相关条款的内容载入。

2. 回应诉求

根据繁简分流试点工作的要求，在符合法律规定的条件下，既可以由简转繁（普通程序），也允许由繁转简（注：本章主要围绕裁判文书繁简分流与语言的相关内容展开论述，故不涉及程序转换中的具体问题）。

程序转换又分裁判者依职权启动和依当事人或公诉机关申请启动。凡在审理过程中有程序转换事项发生的，应将程序转换的情况在裁判文书中予以载明。当事人申请转换程序，不论是否采纳以及是否采纳的理由，均应载入裁判文书。

刑事速裁程序的适用，可以是公诉机关建议，也可以是审判机关决定。如果公诉机关建议适用速裁程序，但审判机关审查认为具有不符合适用速裁程序条件的，应径行决定适用其他程序。此节应该用文字载入裁判文书。

示例11（摘录）：

公诉机关指控被告人犯盗窃罪，建议适用刑事案件速裁程序审理。被告人在接受本院送达的起诉书时，提出起诉书指控其系被公安机关根据线索抓获一节不符合事实，其有自首情节的意见，据此，本案不符合适用速裁程序审理的规定……

民事诉讼程序繁简分流改革试点工作相关意见规定，事实清楚、权利义务关系明确、争议不大的简单金钱给付类案件，争议标的额为人民币五万元以下的，适用小额诉讼程序，实行一审终审。

并列出不适用小额诉讼程序审理案件的负面清单：

（1）人身关系、财产确权纠纷；

（2）涉外、涉港澳台民事纠纷；

（3）需要评估、鉴定或者对诉前评估、鉴定结果有异议的纠纷；

（4）一方当事人下落不明的纠纷；

……

符合负面清单条件的当事人在诉讼过程中申请，或立案时确定适用但发现具有负面清单事项，或当事人变更诉讼请求后不再适用的，必须进行法律释明并载入裁判文书。

3. 意思自治

条件成就的情况下，尊重当事人意思自治，赋予其庭审程序的选择权。比如诉讼标的额在人民币五万元以上十万元以下，赋予当事人选择权，经原被告自愿协商一致，可以选择小额诉讼程序。

裁判文书需载明：……（写明当事人及案由）一案，本院于×××× 年××月××日立案后，经双方当事人同意依法适用小额诉讼程序，公开/（不公开）开庭进行了审理。

适用小额诉讼程序审理的案件，当事人申请增加或者变更诉讼请求后，案件标的额在人民币五万元以上十万元以下，一方当事人不同意继续适用小额诉讼程序，如果符合适用简易程序审理条件，裁定转为简易程序审理。

第三节　探索与创新路径

推进裁判文书的繁简分流，需要在顶层设计和基层创新的双向驱动过程中不断总结完善。从一段时间的试点适用情况看，令状式、表格式和要素式三类简式裁判文书的样式，各有所长，但也各有不足，有必要进行深入探讨研究，取长补短不断优化。本节试从规范和完善简式裁判文书的路径方面谈点粗浅认识，一家之言，供业界同行参考。需要说明的是，繁简分流改革试点工作是一项严肃而重大的改革任务，必须严格按照授权，防止随意性，试点期间更不宜扩大适用范围，应根据相关意见和实施方案有组织有步骤地稳妥推进，保证改革试点工作始终沿着正确的道路进行。

一、优势之比较

简式裁判文书的优势是不言而喻的，令状式、表格式、要素式各有特色，基本满足适用速裁和简易程序的裁判文书所需，实践中得到广大基层法官的积极响应，但也有许多需要完善之处，笔者来自基层法院，确实感到还有一些可以改进的方面。

（一）令状式

目前，明确令状式简化裁判文书样式的适用范围是民事诉讼的小额程序和简易程序，主要记载当事人基本信息、诉讼请求、答辩意见、主要事实、简要裁判理由、裁判依据、裁判主文等内容。令状式裁判文书记载内容的分述条目明确清晰，结构分首部、主文和尾部，与传统裁判文书在外观上保持了一致，行文的文法要求与传统文书区别也不大，法官运用起来会少一点陌生感。

令状式的不足，在于"令状"这个词在人们的语汇体系里，包括在法官的专业知识范畴里，并不常见常用，至今也没有较为权威统一的解释，法官和当事人都需要一定时间去适应。

（二）表格式

表格式裁判文书适用于民事诉讼简易程序和小额程序，也适用于刑事认罪认罚程序和速裁程序。

应该说，表格式裁判文书是最有特色的裁判文书新样式，丰富了裁判文书样式门类。表格式采用填充的制作方式，省略了查明事实和论证说理部分，以表格的形态呈现，非常直观。

表格式的不足也比较明显。首先是格式问题，本文前述谈到，表格式将文书的首部载入表格内，不符合公文的规范，尾部载入表格，致法院印章捺印部位偏移出表格，在一定程度上影响了裁判文书的严肃性。其次是表格内的分类，各地法院的区别比较大，有的所列项目太细，导致文书篇幅过长，同一栏列项分割在不同页码，失去了简化文书特有的风貌。

(三) 要素式

民事简易程序和小额诉讼程序的要素式裁判文书，与要素式审判方式相配合。要素式审判是指对于能够概括出案件固定要素的，案件审理围绕要素进行，需双方当事人对相关要素进行确认。

以商品房预售合同逾期交房纠纷案件为例。

> 原告填写要素表：
> 一、商品房预售合同签订时间：
> 二、商品房地址：
> 三、购房总价款：
> 四、已付购房款：
> 五、约定交房时间：
> 六、通知交房手续办理时间：
> 七、实际交房时间：
> 八、计付逾期交房违约金的起始日期：
> 九、计付逾期交房违约金的截止日期：
> 十、开发商可顺延交房期的天数：
> 十一、计付逾期交房违约金的天数：
> 十二、约定逾期交房违约金标准：
> 十三、逾期交房违约金的数额：
> ……
> 原告对上述内容已核对无误，确认后签名。
> 被告填写要素表：
> 一、五方验收合格时间：
> 二、消防验收合格时间：
> 三、竣工验收备案时间：
> 四、计付逾期交房违约金的起始日期：
> 五、计付逾期交房违约金的截止日期：
> 六、可顺延交房期的天数总计：
> 七、计付逾期交房违约金的天数：

八、逾期交房违约金的数额：
九、需要说明的其他事项：
......
被告对上述内容已核对无误，确认后签名。

要素式的裁判文书围绕要素来表述。主文部分主要由双方无争议事项的确认、有争议事项及法院认定情况、裁判依据、判决主文等内容组成。

要素式优势在于案件审理紧紧围绕有争议的要素开展，有利于突出庭审的针对性，提高庭审效率，实现类案同判。不足是民事案件案由繁多，千案千面，概括固定要素本身是一项庞杂的工作，难免不出现遗漏，新情况新问题层出不穷，应对存在滞后，致使实际运用的内生动力不足。

二、规范与完善

（一）统一基本样式

最高人民法院有关领导指出，裁判文书是人民法院依法裁判的重要表现形式，对展示司法公正、提升司法公信、弘扬法治精神、宣传社会主义核心价值观具有重大意义。

统一简式裁判文书样式的技术标准，规范简式裁判文书样式的格式要求很有必要。简言之，要对什么是令状式、表格式、要素式裁判文书作出释明。同时严格按照裁判文书制作的技术标准，对简式裁判文书的组成部分、字体字号、分页分栏、院印捺印等，统一外观制作标准。根据案件繁简程度，按照分层级分解设立需载明事项的方式，解决统一内容难的问题。

（二）增强适配效果

遵循司法规律，确保诉讼制度的全面有效实施。因处于试点和起步阶段，何种案由应选择何种简式裁判文书格式的问题，尚没有一定之规。有必要在进行实证分析基础上，逐步改进，形成"设定固定列项为基础，增加可选择列项为补充"的简式裁判文书特色，提高适用性。

案件有难易程度之分，当事人诉求又各有不同，加之我国地域广大，各地语言习惯、交流方式南北东西存在差别，反映在裁判文书上表现出不同风格，但并不影响裁判文书的传播，从中可以充分吸收借鉴有益之处，保证既符合适用程序的裁判要素需要，又可满足不同类案的需求，增强案件与适用简式裁判文书格式的适配性。

（三）理论指导实践

加快简式裁判文书理论研究。简式裁判文书符合社会发展需要，经过试点适用，优势是主要的，通过总结不断完善，形成技术标准统一、格式要求规范的简式裁判文书理论体系和实务指南。

为简式裁判文书的创新预留空间，坚持从实际出发，开展繁简分流试点工作期间，允许各地人民法院进行探索创新。

组织不同层级的理论实务研讨活动，形成成果再指导具体实践。在一定范围内开展优秀简式裁判文书评选活动，推出一批精品简式裁判文书，激发法官积极性和创造性。

三、前景与展望

司法改革和智慧法院建设作为人民法院审判体系和审判能力现代化的"鸟之两翼、车之两轮"，正在推动法院审判工作与大数据、云计算等移动互联网技术走向深度融合，信息技术已成为审判机制改革不可或缺的重要手段，也是裁判文书繁简分流工作的强大推进器。裁判文书制作离不开信息化支撑，信息化技术场景下的集中立案、集中审判、集中判决，类案检索和诉讼档案同步扫描深度运用，更是为简式裁判文书的适用增添非凡动能。

（一）优化格式

现有的简式裁判文书样式优势各异，完全可以通过相互吸收借鉴，弥补不足，逐步完善。

1. 以要素审判为基础

实证调研表明，要素式审判方式能够提高审判的针对性，促进效率的提升，但并不是适用要素式裁判文书才会选择要素式审判方式，而是根据案件实际情况需要，决定采取要素式审判方式，而后将审判活动和裁判结果以要素式裁判文书的形式记录下来。

要素式可以作为简案快审的基础,审判工作围绕要素展开。适用简易程序的案件,从立案开始,即由当事人提交要素式诉状和答辩意见（或填写要素表），裁判文书则以不同情形选择简式裁判文书样式。裁判文书正文只需载明当事人基本信息、诉讼请求、判决主文,其他事项以附件形式附于正文之后,所附内容既可以采用要素式,也可以采用表格式。

以民事小额诉讼程序案件为例。

表格式

原告	写明当事人基本信息
被告	写明当事人基本信息
案由	……纠纷
诉讼请求	1……；2……
答辩意见	

　　本院于××××年××月××日对本案适用小额诉讼程序公开/不公开开庭（写明不公开开庭的理由）进行了审理。本案现已审理终结。

　　依照《中华人民共和国×××法》第×条、……（写明法律文件名称及其项序号）、《中华人民共和国民事诉讼法》第一百六十二条规定,判决如下:

　　……（写明判决结果）。

　　如果未按本判决指定的期间履行给付金钱义务,应当依照《中华人民共和国民事诉讼法》第二百五十三条规定,加倍支付迟延履行期间的债务利息（没有给付金钱义务的,不写）。

　　案件受理费……元,由……负担（写明当事人姓名或者名称、负担金额）。

　　本判决为终审判

附：1. 法律条文
　　2. 事实要素
　　3. ……

审判员×××

××××年××月××日

（院印）

书记员×××

附 2 认定事实（要素式）：

一、劳动关系的事实

1. 签订书面劳动合同时间：

2. 最后一次签订劳动合同起止时间：

3. 入职时间：

二、工伤认定事实

1. 发生工伤时间：

2. 工伤认定情况：

3. 伤残等级鉴定结果：

……

五、应给付明细：

附 2 认定事实（表格式）

一、劳动关系的事实	1. 签订书面劳动合同时间： 2. 最后一次签订劳动合同起止时间： 3. 入职时间：
二、工伤认定事实	1. 发生工伤时间： 2. 工伤认定情况： 3. 伤残等级鉴定结果：
三、四、……	……
五、应给付明细	……

（二）综合运用辅助技术

充分运用已有的信息化办案手段和审判辅助事务智能处理方式，有助于提升简式裁判文书的文字准确率。

近年来法院推行了诉讼档案同步扫描，纸质的诉辩意见经过数字化，利用图像文字转换文档文字技术（OCR 文字识别），可以直接回填、提取、复制当事人身份和诉讼请求等裁判文书所必需的信息，为制作裁判文书提供精准服务。

（三）融入审判流程

推广格式化的简式裁判文书，方便法官的实际应用是关键。现在很多法院实现了无纸化办案和审判流程管理系统全覆盖,完全可以将统一格式模板化后嵌入审判流程系统,实现裁判文书的自动生成和批量生产。模板化的裁判文书制作,通过对所设定变量信息点的自动提取,完成裁判文书的自动生成和批量生产。

以金融借款纠纷案件的令状式裁判文书为例(局部)。

AAAAAA

判决书

BBBBBB

CCCCCC

DDDDDD

原告诉讼请求:EEEEEE。

被告答辩意见:FFFFFF。

案由:PPPPPP

原告围绕诉讼请求依法提交了……等证据。

本院认定事实如下:截至 X 年 X 月 X 日,被告尚欠原告信用卡透支本金 GG 元、利息 HH 元、滞纳金 JJ 元,其行为已构成违约,应当承担相应的违约责任。原告诉讼请求,符合法律规定,本院应予支持。

依照《中华人民共和国合同法》……,《中华人民共和国民事诉讼法》……之规定,判决如下:

一、被告于本判决发生法律效力之日起十日内支付原告信用卡透支本金 GG 元及利息 HH 元、滞纳金 JJ 元;

二、……

……

审判员 LLL

MMMMMM

书记员 NNN

文书自动生成过程中代码对应的含义和要素

含义	变量名
法院名称	AAAAAA
案号	BBBBBB
原告信息	CCCCCC
被告信息	DDDDDD
原告名称	C
被告名称	D
案由	PPPPPP
承办人	LLL
当天日期	MMMMMM
书记员	NNN
本金	GG
利息	HH
滞纳金	JJ
……	……

通过办案系统模板自动提取上述变量，可以一键生成裁判文书，也可以一次性完成类案的批量裁判文书制作，大大节省人力，而且版式规整，语言文字规范，有很好的推广价值。

（四）搭建裁判文书说理库

司法体制改革背景下的落实司法责任制，重在规范自由裁量权。运用类案检索功能，帮助法官实现简案快审难案精审。

2020年7月，最高人民法院发布《关于统一法律适用加强类案检索的指导意见（试行）》。该《意见》明确，类案是指与待决案件在基本事实、争议焦点、法律适用问题等方面具有相似性，且已经人民法院裁判生效的案件。《意见》规定了应当进行类案检索的待决案件类型以及类案检索的范围。《意见》还规定了检索到的类案存在法律适用不一致时的解决流程，以实现法律的统一适用。

最高人民法院要求各高级人民法院要充分运用现代信息技术，建立审判案例数据库,通过大数据、云计算等信息技术手段实现精准化类案推送。笔者建议,在建立类案数据库的基础上,同时搭建裁判文书说理库,将具有约束性的指导案例和有参考借鉴价值的典型案例等进行智能处理,分类积累,不断扩展,形成裁判说理辞库,更好地服务审判、服务法官!

后　记

　　法律是裁判文书的内核，语言是裁判文书的外壳。整理文稿过程中正遇最高人民法院颁行《关于加强和规范裁判文书释法说理的指导意见》，认真研读后体会颇深。该《意见》为学界和实务界研究裁判文书提供了根本遵循，特别是由法院人来研究探讨裁判文书写作，是一件很有意义的事情。可以说将裁判文书语言纳入裁判文书研究正当其时，一是筑牢根基，加强裁判文书语言的研究。裁判文书语言应进入到裁判文书研究，或者作为法律语言研究的整体学术范畴，进行专门和跨学科的研究，逐步形成规范的学术体系。二是打牢基础，拓展法科基础教育门类，将法律语言作为独立的必修的专业课程，从而改变法科国民教育课纲体系不重视语言的状况，使司法后备人才具有较强的语言驾驭能力。三是建立和完善司法说理大数据库。当前人民法院信息化建设如火如荼，作为司法公开的重要手段，中国裁判文书网是世界上上传文书最多、阅读量最大的裁判文书数据平台，具备了成为裁判文书说理库的基本要求。四是增强法律法规的语言规范性。在制定、修订法律的工作中，要更加注重法律语言的精准，体现法律的客观性和严肃性。

　　最后，要特别感谢宋北平老师一路的悉心指导和扶持。感谢一众素未谋面的同仁，是他们上传到中国裁判文书网的海量文书为我提供了样本。

　　原本对裁判文书写作的探究纯属个人兴趣爱好，沉浸进去，可以让自己静下来。但当接到约稿，真的要成书出版，整个写稿的过程实际上都是非常纠结不安的，有时感觉想说的特多，有时又大脑一片空白。最多的时候，是纠问自己到底有没有资格和资本，去对同行的工作成果品头论足。很多次想放弃，在各位老师和编辑的鼓励下，放下又拿起了好多次，至今仍然心有忐忑。关于简式裁判文书的部分是与人民法院出版社丁塞峨老师商定后增加的，无奈时间太过仓促，本人能力有限，错漏之处敬请批评指正。如果拙作能够付梓，也恳请所有同仁谅解对大家可能的冒犯，如果拙作有幸摆上您的案头，请您拨冗提出宝贵的意见。

让我们携手一道，努力奔跑在追求司法公正、公正司法的中国特色社会主义法治道路上。祝所有奋战在审判一线的法官工作顺利！

笔者

2022 年 4 月 18 日